Hexenzauber
für die Liebe

Thea

Hexenzauber

für die Liebe

Das Hexen-Einmaleins

Du musst verstehen! Aus

Eins mach Zehn und Zwei lass gehn,

Und Drei mach gleich, so bist du reich.

Verlier die Vier!

Aus Fünf und Sechs – so sagt die Hex –

Mach Sieben und Acht,

so ist's vollbracht:

Und Neun ist Eins

und Zehn ist keins.

Das ist das Hexen-Einmaleins!

Vorwort

Hexen in Liebesdingen – gewusst wie!

Jeder Mensch hat in seinem Leben Sorgen und Probleme – auch was die Liebe anbelangt. Da meine eigentliche Aufgabe als Hexe darin besteht, durch die Ausübung magischer Praktiken anderen Menschen zu helfen, biete ich natürlich auch gern in Liebesdingen meine Hilfe an.

Wer unglücklich verliebt ist, das Herz eines geliebten Menschen zurückgewinnen möchte, seine Beziehung festigen will, einen Liebhaber oder einen Partner fürs Leben sucht, sollte sich an meine bewährten Liebesrituale und -rezepte halten, die ich in diesem Buch zusammengefasst habe. Sie konnten schon vielen Menschen in äußerst schwierigen Situationen helfen.

Oft reicht schon ein kleiner Anstoß in die richtige Richtung, und der Erfolg stellt sich schnell ein, wenn das Vertrauen in die eigenen Fähigkeiten geweckt wird.

Auch in Ihnen schlummert eine kleine Hexe, die wahre Wunder zu vollbringen in der Lage ist, wenn sie aus Liebe die folgenden weißmagischen Rituale und Rezepte anwendet!

In Licht und Liebe

Ihre Thea

Vertrauen Sie auf die verborgenen Kräfte in Ihnen – Sie können mehr erreichen, als Sie glauben.

Was Sie an Liebeszauber in diesem Buch erwartet

Inhalt

8 Das Hexen-Einmaleins der Partnerschaft
9 Liebesrituale, die Sie Ihrem Ziel näher bringen

32 Liebeszauber mit dem Kochlöffel
33 Hexerei im Küchenalltag
58 Die Hexen-Apotheke

64 Die hilfreiche Magie der Wochentage
65 Magie im Alltag

Liebeszaubereien sind äußerst vielfältig – lassen Sie sich inspirieren.

70 Geheime Kräuter für Herzensdinge
71 Pflanzen mit Zauberkräften
75 Warum die Mondphasen wichtig sind
78 Das richtige Kraut für jeden Zweck

80 Betörende Düfte für die Liebe
81 Der Atem der Götter
83 Stellen Sie Ihre Öle selbst her!

Inhaltsverzeichnis

86 Verführerische Edelsteine und Kristalle
87 Geheime Kräfte aus der Natur

96 Befragen Sie die Zukunft nach Ihrem Liebesglück
97 Magische Orakel

Liebevolle Hexerei ist nicht schwer, versuchen Sie es ruhig einmal.

104 Gesundheit ist das A&O für Ihr Verhalten
105 Rituale für die Gesundheit

110 Termine der Liebe im Hexenjahr
111 Walpurgisnacht & Co
111 Feiern zu Jahresbeginn
113 Frühjahrsfeste
116 Hexenfeste im Sommer
120 Herbstliche Feiern
122 Feste in der Winterzeit
125 Speise und Trank

127 Impressum
128 Register

Das Hexen-Einmaleins der Partnerschaft

In jeder Frau steckt eine weise, liebevolle Hexe. Das Urwissen und die Urkräfte schlummern in uns allen – sie müssen nur geweckt werden. Dabei sollen Ihnen mein Wissen und meine Erfahrungen helfen. Ebenso vielfältig wie Amors Pfeile sind natürlich auch die Rituale, die ich Ihnen für Ihre Herzensangelegenheiten empfehle.

Frischen Sie Ihre Beziehung auf

Liebesrituale, die Sie Ihrem Ziel näher bringen

Magische Rituale helfen in nahezu allen Herzensdingen. Wichtig ist, dass Sie sich mit all Ihren Gedanken und Kräften auf Ihre momentane Situation konzentrieren. Lassen Sie Ihre Sorgen und Nöte los, und vertrauen Sie auf die kosmischen Kräfte in Ihnen!

Bezaubern Sie Ihren Partner wieder

Fehlt in Ihrer Beziehung aufgrund all des täglichen Einerlei die erotische Anziehungskraft? Soll es mal wieder so richtig knistern? Versuchen Sie das folgende Ritual – Ihr Partner wird Sie mit ganz anderen Augen sehen!

Sie benötigen
1 Glas Rotwein
1 Ring (am besten Ihren Lieblingsring)

So vollziehen Sie das Ritual
1 Zuerst lassen Sie das Glas mit dem Rotwein eine Stunde lang vom Vollmond bescheinen. Dann legen Sie den Ring hinein.
2 Dieses Glas Rotwein geben Sie Ihrem Liebsten am nächsten Abend zu trinken. Seine Reaktion wird Sie verblüffen.

Zauber- und Liebesformeln sind schon seit Jahrtausenden bekannt. Und auch an den Ringzauber glaubten schon unsere Urahnen.

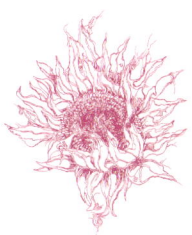

Erfolgreiche Liebesrituale

🌀 Wenn Sie aufrichtige Liebe suchen

Üben Sie dieses Ritual aus, wenn Sie einen Menschen suchen, der Sie von Herzen liebt und Sie mit all Ihren Eigenschaften vorbehaltlos annimmt.

> Ich habe in meiner langjährigen Praxis festgestellt, dass Dinge, an die man aufrichtigen Herzens glaubt, sich auch verwirklichen.

Sie benötigen
1 Stück rote Kordel (ca. 40 cm lang)
6 Rosskastanien
1 rote Kerze
1 mittelgroßen Mörser
1/2 Hand voll Holzkohle
1 kleines Büschel Fenchel
1 roten Stift
1 großes Blatt Papier

So vollziehen Sie das Ritual

1 Binden Sie die rote Kordel – sie gilt als Symbol des Lebens – um jede einzelne Kastanie und verknoten Sie sie fest. Machen Sie ferner zwischen jede Kastanie einen Knoten.

2 Warten Sie auf die nächste Vollmondnacht, damit das Ritual besonders intensiv wirkt. Nehmen Sie dann die Kastanienkette in die Hand, zünden Sie die rote Kerze an und sprechen Sie dabei die uralte keltische Zauberformel:

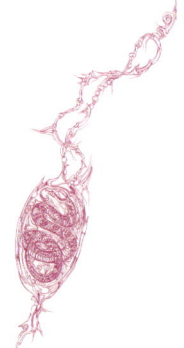

Auf der Suche nach wahrer Liebe

Göttin Diana, Göttin der Liebe
und der Jagd,
bitte, erhöre deine Tochter!
Schnüre diesen Knoten,
um das Herz
meines Liebsten einzufangen.
Lasse ihn weder Schlaf
noch Ruhe finden,
bis er zu mir kommt
und seinen Liebesschwur spricht.
O Göttin, deren Pfeile
stets ihr Ziel treffen,
segne uns für diese Liebesbeziehung.

3 Geben Sie die Holzkohle in den Mörser, zünden Sie sie nach einigen Minuten besinnlicher Stille an, und legen Sie das Fenchelbüschel darauf.

4 Malen Sie ein Herz auf das Papier, und notieren Sie darauf den Namen des ersehnten Menschen. Sollten Sie ihn noch nicht kennen, stellen Sie sich seine Eigenschaften vor. Konzentrieren Sie sich auf ihn und malen Sie das Herz rot aus.

Durch die kraftvolle und positive Aussage der Liebesformeln und durch ihr überzeugtes Aussprechen ist es möglich, Liebe und Glück gleichsam »herbeizubeschwören«.

Dieses Ritual erscheint zunächst etwas naiv. Probieren Sie es dennoch einmal aus! Sie verlieren nicht das Geringste, können aber Wertvolles gewinnen.

Erfolgreiche Liebesrituale

Versuchen Sie nie, einen Menschen gegen seinen Willen zu erobern. Das wird Ihnen mit den vorliegenden Ritualen und Sprüchen nicht gelingen, denn ich vertrete nur weißmagische Praktiken.

◎ So gewinnen Sie einen Partner für sich

Bevor Sie dieses Ritual ausüben, sollten Sie genau überlegen, ob der Mann Ihrer Sehnsüchte auch wirklich der richtige Partner für Sie ist. Verliebtsein kann nämlich auch blind machen und so die Einsicht verhindern, dass eigentlich ein Partner mit anderen Eigenschaften besser zu Ihnen passt.

Sie benötigen
7 Korianderkörner
1 Mörser
1 Liter trockenen Weißwein

So vollziehen Sie das Ritual

1 Während Sie die Korianderkörner in dem Mörser zerstoßen, sprechen Sie die Worte:

*Warmes Sandkorn, warmes Herz,
lass sie nie mehr getrennt sein.*

2 Wiederholen Sie diesen Satz langsam drei Mal. Danach geben Sie die zerriebenen Samenkörner in den Weißwein, lassen das Gemisch ziehen und verrühren es dann. Nach zehn Minuten können Sie das Getränk derjenigen Person servieren, die Sie für sich einnehmen möchten.

Wenn es kriselt

🌀 Retten Sie Ihre Beziehung

Wo man sich umschaut, es kriselt in vielen Beziehungen – gehört Ihre auch dazu? Steht sie kurz vor dem Auseinanderbrechen? Meine weißmagische Hilfe wirkt jedoch nur, wenn keine schwerwiegenden Gründe vorliegen. Dann hilft folgendes Ritual:

Sie benötigen
1 dünnen roten Faden (ca. 10 cm lang)
1 Lieblingskleidungsstück Ihres Partners

So vollziehen Sie das Ritual
1 Machen Sie im Abstand von je einem Zentimeter drei Knoten in den Faden und sagen Sie dabei den folgenden Spruch auf:

Er soll mir in Liebe und Harmonie treu sein und ganz gleich, was passiert, immer zu mir zurückkommen.

2 Den Faden über Nacht – am besten bei Vollmond – auf die Fensterbank legen.
3 Trennen Sie an dem Kleidungsstück ein Stück Saum auf und legen Sie den Faden hinein. Den Saum zunähen. Von nun an sind Sie immer bei ihrem Partner. Das wird ihrer beider Glück stabilisieren.

> Gedanken sind geistige Kräfte, und alles, was man sich vorstellen kann, lässt sich auch realisieren – es ist nur eine Frage der Zeit.

Erfolgreiche Liebesrituale

🌀 Gegen lästige Konkurrentinnen

Dieses magische Ritual schützt wirksam vor Attacken anderer Frauen auf Ihre Liebesbeziehung, wie Sie sicherlich schon bald merken werden.

Sie benötigen
12 Apfelkerne
1 Mörser
1 kleiner Topf
1 Prise graue Ambra
1/2 Prise Moschus
1/2 l Rotwein

So vollziehen Sie das Ritual

1 Zerstoßen Sie die Apfelkerne in einem Mörser. Füllen Sie die geriebenen Kerne in den Topf, und geben Sie dann Ambra und Moschus hinzu.

2 Gießen Sie alles mit dem Rotwein auf, und kochen Sie diese Mischung auf ein Viertel ein.

3 Gießen Sie das Konzentrat in eine kleine Flasche, die Sie mit einem Korken verschließen. Bewahren Sie diese Mischung sieben Tage an einem hellen Ort auf.

4 Geben Sie danach den Speisen Ihres Geliebten täglich drei Tropfen bei.

Nur täglich drei Tropfen, und schon brauchen Sie um Ihren Partner nicht mehr zu bangen, wenn es da noch eine Dame geben sollte, die ihr Interesse bekundet.

Lassen Sie es wieder knistern

🌀 Unwiderstehlich wie Aphrodite

Eine schnelle Wirkung auf den Liebsten in Sachen knisternder Erotik erzielen Sie mit diesem Ritual.

Sie benötigen
Wasser aus einem sauberen Mühlbach
1 neuen Holzlöffel
1 Ei
1 Schüssel

So vollziehen Sie das Ritual

1 Zerschlagen Sie mit dem Holzlöffel das Ei in dem Wasser vom Mühlbach, und waschen Sie anschließend mit dem Eiwasser Ihre Brüste. Fangen Sie dabei das Waschwasser in der Schüssel auf, und geben Sie es dann in ein Behältnis, das Sie kühl stellen.

2 Bringen Sie das Wasser wieder zum Einsatz, wenn Sie bald darauf Zimtplätzchen backen, indem Sie die Plätzchen mit der Flüssigkeit beträufeln, bevor Sie sie in den Backofen schieben. Geben Sie die abgekühlten Plätzchen dann Ihrem Liebsten.

Manchmal muss man einer schon etwas länger andauernden Beziehung wieder etwas auf die Sprünge helfen – gewusst wie!

Erfolgreiche Liebesrituale

◎ Magischer Liebestrunk

Wenn Sie Ihre Partnerschaft neu beleben wollen, indem Sie Ihrem Partner die körperliche Freude aneinander wieder bewusst machen, dann kann ich Ihnen nur den folgenden Liebestrunk empfehlen, der in meiner Praxis schon vielen Paaren auf ihrem Liebesweg geholfen hat.

Sellerie war schon seit jeher ein allseits bekanntes Potenzmittel – warum die Kraft dieser Knolle nicht für Ihre Beziehung nutzen?

Sie benötigen
1/4 l Maraschino
1 Eigelb
1/4 l Sahne
1/4 l Cognac
etwas Selleriesaft

So vollziehen Sie das Ritual
1. Geben Sie den Maraschino, das Eigelb, die Sahne und den Cognac in ein großes Glas, rühren Sie gut um und fügen Sie abschließend einige Tropfen von dem Selleriesaft hinzu.
2. Servieren Sie diesen äußerst wirksamen Liebestrunk vor dem Abendessen. Die Wirkung wird sich relativ bald bei Ihrem Partner zeigen.

Für positive Energien

🌀 Ein Kräuterstrauß für die Haustür

Der folgende Strauß aus verschiedenen Kräutern wird Ihr Heim vor schlechten Energien schützen und alle guten Energien freundlichst hereinbitten. Und so natürlich auch beim nächsten Besuch Ihres Liebsten seine positiven Einflüsse voll zum Tragen bringen.

Sie benötigen
Königskerze
Wermut
Kamille
Minze
Rosmarin
Holunder
Buschwindröschen
Kornblumen
Tausendgüldenkraut

So vollziehen Sie das Ritual
1. Binden Sie aus allen Kräutern einen schönen Strauß, wobei die Königskerze in die Mitte des Straußes platziert werden sollte.
2. Trocknen Sie diesen Strauß etwa eine Woche lang bei abnehmendem Mond, und hängen Sie ihn später bei Vollmond über Ihrer Haustür auf.

Harmonie in der Liebe gehört zu den schönsten Erlebnissen im Leben – weißmagische Kräfte werden Sie dabei tatkräftig unterstützen.

Erfolgreiche Liebesrituale

◎ Liebestropfen für unterwegs

Seien Sie gerüstet für den großen Moment, wenn Ihnen vielleicht ganz plötzlich Ihr Traummann oder ein potenzieller Liebhaber gegenübersteht.
Für diesen unvorhersehbaren Fall sollten Sie immer Ihre Notfall-Liebestropfen in der Handtasche haben.

Seien Sie für den Fall der Fälle gerüstet, und lassen Sie Ihren Traummann nicht ohne Reaktion vorübereilen.

Sie benötigen
1 TL Blütenhonig
30 ml Weingeist
3 Tropfen Rosenöl
3 Tropfen Angelikawurzelöl
3 Tropfen Jasminöl
3 Tropfen Pfefferöl
3 Tropfen Tränen aus Ihrem rechten Auge

So vollziehen Sie das Ritual
1. Mischen Sie alle Zutaten gründlich, und verwenden Sie für dieses magische Ritual nur besten Blütenhonig.
2. Nutzen Sie einen unachtsamen Moment seinerseits und träufeln Sie ein paar Tropfen davon in sein Getränk oder – wenn bei dem Treffen nichts getrunken werden sollte – auf seine Brust. Sein plötzlich wildes Interesse sollte Sie nicht erstaunen.

Die Qual der Wahl

◉ Wenn Sie sich nicht entscheiden können

Gleich zwei Männer haben Ihr Herz erobert, und nun wissen Sie nicht, für welchen der beiden Sie sich entscheiden sollen? Für wen Ihr Herz wirklich schlägt, verrät Ihnen der Liebestrank.

Sie benötigen
1 Ingwerwurzel
1/8 Liter Orangenöl
1/8 Liter Zitronenöl
1/2 Esslöffel Zucker

Ein Liebestrank zur rechten Zeit kann wahre Wunder bewirken.

So vollziehen Sie das Ritual
1 Zerreiben Sie die geschälte Ingwerwurzel, und verrühren Sie sie mit dem Orangen- und dem Zitronenöl sowie mit dem Zucker zu einer Paste. Dabei sagen Sie folgenden Spruch auf:

> *Beide zu mir und ich zu ihnen,*
> *auf dass einer bleibe.*

2 Geben Sie die Masse in eine Pozellan- schale, die Sie im Kühlschrank aufbe- wahren. Immer, wenn Sie von einem der beiden Männer Besuch bekom- men, geben Sie etwas von der Paste

Erfolgreiche Liebesrituale

in ein Getränk. Kredenzen Sie am besten einen Cocktail, damit weder Geruch noch Geschmack oder Farbe auffallen.

Vertrauen Sie ruhig auf Ihre Intuition, und achten Sie auf die Signale, die sie Ihnen schon frühzeitig sendet.

Bis Sie herausgefunden haben, wer zu Ihnen passt, freuen Sie sich ruhig über den Kontakt zu beiden Verehrern. Verführen Sie einen an einem Freitag, dem Tag der Liebe (siehe Seite 67 f.). Mit dem anderen gehen Sie an einem Sonntag, dem Tag des Erfolgs (siehe Seite 68 f.), aus. Nach einer Weile werden Sie wissen, wer der Richtige ist.

Negative Schwingungen umwandeln

Die rituelle Reinigung

Niedergeschlagenheit und auch äußerste Erschöpfung – sei es, weil Sie Liebeskummer haben oder weil Sie zu viele Alltagssorgen zu erdrücken scheinen – minimieren das innere Kräftepotenzial angesichts ihrer negativen Einflüsse um ein Vielfaches. Negative Gedanken und Schwingungen können sich überall einnisten: in heimischen Räumen ebenso wie am Arbeitsplatz. Diese kraftzehrenden Schwingungen können aber durch rituelle Räucherung gänzlich beseitigt und in eine positive Atmosphäre umgewandelt werden.

Wenden Sie vor diesem Hintergrund das folgende reinigende Ritual an, und räuchern Sie Ihre Wohnung oder Ihr Büro – sofern Ihnen dies möglich ist.

Lassen Sie Kummer und Erschöpfung keinen Raum, sich weiter zu entfalten – schaffen Sie Abhilfe.

Sie benötigen
etwas Weihrauch
1 Räucherschale
1 Flasche milden Obstessig

So vollziehen Sie das Ritual

1 Den Weihrauch in einer tragbaren Räucherschale entzünden und dabei die folgenden Worte sprechen:

Erfolgreiche Liebesrituale

> *Böser Geist verweh! Heb dich hinweg!*
> *Guter Geist, trete ein! Nimm alles Böse mit!*
> *Schütze mich vor Unheil, Angst und Not!*

2 Danach nehmen Sie ein Essigbad, um die Reinigungswirkung zu verstärken. In der Badewanne sagen Sie dann mehrmals laut und deutlich:

> *Alle Wesen, die ich nicht gerufen habe*
> *und die nicht zu mir gehören,*
> *heben sich für immer hinweg!*

Magisch äußerst wirksame Stunden für die rituelle Reinigung von allen negativen Einflüssen.

Die besten Zeiten für dieses Ritual, angegeben in der Winterzeit, sind:

Sonntag:	21 Uhr
Montag:	18 Uhr
Dienstag:	22 Uhr
Mittwoch:	19 Uhr
Donnerstag:	23 Uhr
Freitag:	20 Uhr
Samstag:	24 Uhr

Wenn Sie das Ritual an Tagen während der Sommerzeit durchführen möchten – was sicherlich der Fall sein wird –, addieren Sie zu den angegebenen Zeiten jeweils eine Stunde. Mit diesem Ritual regen Sie Ihren ganzen Körper positiv an.

Wenn ein Brief helfen soll

◎ Einen magischen Brief schreiben

Damit Ihr nächster Liebesbrief seine Wirkung auf Ihren Partner oder den Adressaten auch wirklich nicht verfehlt, vollziehen Sie am besten das nachfolgend beschriebene Ritual.

Sie benötigen
Schreibpapier
Lavendelblüten
Dove's-Blood-Tinte (siehe Seite 127)

So vollziehen Sie das Ritual

1 Reiben Sie das Schreibpapier mit den Lavendelblüten ein. Lassen Sie es danach erst einmal antrocknen, und beschreiben Sie es nach dem Trocknen mit Dove's-Blood-Tinte. Wenn das Papier mit diesen beiden Substanzen getränkt ist, erfüllen sich mit Sicherheit alle Wünsche Ihres Liebesbriefes.

2 Zusätzlich legen Sie den Brief, bevor Sie ihn abschicken, eine Nacht lang unter Ihr Kopfkissen. Das verstärkt Ihre Gedanken und Wünsche, die Sie mit dem Brief verbinden, und vereinigt Sie auch im Geist mit dem geliebten Menschen.

> Bei der Dove's-Blood-Tinte handelt es sich um ein Extrakt aus magischen Pflanzen: es wirkt wahre Wunder.

Erfolgreiche Liebesrituale

🌀 Das große Liebesritual für Frauen

Vor diesem großen Liebesritual, mit dem Sie einen Mann erobern oder zurückgewinnen können, sollten Sie genau überlegen, ob Sie absolut bereit sind, die Konsequenzen Ihres Handelns zu akzeptieren. Sie sollten sich wirklich darüber im Klaren sein, dass dieser Mann der richtige ist.

> Vermitteln Sie Ihrem Partner positive Gefühle, indem Sie seine Persönlichkeit voll und ganz akzeptieren.

Sie benötigen
etwas Basilikumöl
etwas Rosenöl
Champagner
rote Kerzen
rote Servietten
roten und grünen Seidenkrepp
2–3 Sandelholz-Räucherstäbchen

So vollziehen Sie das Ritual

1 Für das große Ereignis sollten Sie Ihre Wohnung entsprechend vorbereiten. Reinigen Sie deshalb alles sorgfältig und gründlich. Geben Sie dazu einige Tropfen Basilikumöl ins Putzwasser – das reinigt die Atmosphäre und duftet angenehm.

Erobern und zurückgewinnen

2. Danach nehmen Sie ein Vollbad, in das Sie zehn Tropfen Rosenöl sowie ein bis zwei Teelöffel Meersalz geben. Das lässt Ihre Haut wunderbar zart werden.
3. Auch Ihr Äußeres sollte nicht zu kurz kommen: So können Sie zum Beispiel das Haar mit einer Tönung beleben oder sich einen neuen flotten Haarschnitt machen lassen.
4. Notieren Sie ferner auf Ihrer Einkaufliste alles, was man für ein gelungenes Liebesmahl braucht. Dabei sollten Sie an das Lieblingsgetränk Ihres Partners denken. Als magische Zutaten für Ihr Mahl empfehle ich Ihnen Austern, Hummer, Ingwer, weißen Fisch, Knoblauch, Basilikum, Sellerie, Rosmarin, Artischocken und kleine braune und weiße Bohnen. Einige Lieblingsrezepte, die sich bei mir in meiner langjährigen Praxis als Hexe bewährt haben, möchte ich Ihnen besonders ans Herz legen (siehe Seite 32 ff.).
   Als Getränk eignet sich Champagner wegen seiner anregenden Wirkung.
5. »Liebe geht durch den Magen« sollte das Leitmotiv Ihrer Arbeit in der Küche sein, d. h., bereiten Sie die Speisen mit größter Sorgfalt und Liebe zu. Die Wirkung ihres Tuns war schon den alten Hexen bewusst.

Neuer Kopf – neue Frau, so sagt man, und dies beinhaltet ebenso ein neues Selbstwertgefühl, das Ihnen bei Ihrem großen Liebesritual wertvolle Dienste leisten wird.

Erfolgreiche Liebesrituale

> Nur mit dem Partner zu spielen, ist die falsche Voraussetzung für dieses große Liebesritual.

6 Dekorieren Sie den Tisch für Ihr Liebesmahl zu zweit mit roten Kerzen, roten Servietten und kleinen, aus rotem und grünem Seidenkrepp gefertigten Symbolen wie zum Beispiel mit zwei roten Herzen, einem grünen Anker, zwei roten sechseckigen Sternen und zwei roten, selbst gebastelten Rosen. Darüber hinaus zünden Sie zwei oder drei Sandelholz-Räucherstäbchen an, die dem Raum eine angenehme Duftnote verleihen.

7 Ruhen Sie sich vor dem Mahl aus, denn innere Ausgeglichenheit macht schön. Entspannen Sie sich bei Ihrer Lieblingsmusik, und schließen Sie die Augen. Denken Sie an etwas Positives – entweder aus vergangenen glücklichen Tagen oder solchen, die noch vor Ihnen liegen. Die Bilder, die dabei vor Ihrem inneren Auge erscheinen, sind zugleich telepathische Botschaften, die auch Ihr Partner empfangen kann.

8 Ruhen Sie sich so lange wie möglich aus, stehen Sie – sofern es die Zeit erlaubt – erst dann auf, wenn Sie sich ausgeruht und voller Kraft für diesen besonderen Abend fühlen. Legen Sie ein dezentes Make-up auf, und verwenden Sie Ihr Lieblingsparfüm.

Das große Liebesritual

9 Empfangen Sie Ihren Partner mit einem fröhlichen Lächeln, und versichern Sie ihm, wie sehr Sie sich über sein Kommen freuen. Unterstreichen Sie Ihre Worte durch eine liebevolle Umarmung – Sie werden staunen, welche Wirkung das hat!

10 Geben Sie sich beide dann ganz dem Genuss des Mahls hin. Natürlich sollten Sie es tunlichst dabei vermeiden, über Ihre Probleme zu sprechen. Versichern Sie ihm stattdessen, dass Sie ihn lieben und wie glücklich Sie eigentlich mit ihm sind.

11 Überwinden Sie falschen Stolz, und zeigen Sie ihm Ihre Gefühle mittels lieber Gesten und vielen aufmerksamen Zärtlichkeiten, denn es kann sein, dass er sich gerade wegen mangelnder Zärtlichkeit von Ihnen abgewandt hat.
Kopf hoch! Sie schaffen es!

Alle Sinne Ihres Partners wollen bei dem großen Liebesritual angesprochen werden – handeln Sie danach.

Wenn es möglich ist, wiederholen Sie dieses Ritual jeden Freitag, möglichst um die gleiche Stunde, ab etwa 21 Uhr, wenn die Liebesgöttin Venus regiert. Lassen Sie diesen Tag zu Ihrem Liebestag werden. Aber auch an anderen Tagen sollten Sie mit Ihrem Partner verbunden sein und ihn auf all seinen Wegen mit tiefer Liebe begleiten.

Erfolgreiche Liebesrituale

◎ Ritual der Kraftaufladung

Dieses Ritual ist bei körperlicher wie seelischer Ermüdung sehr zu empfehlen.

Sie benötigen
2 weiße Kerzen
1 rote Rose
1 Aromalampe
etwas Rosenöl

So vollziehen Sie das Ritual

1 Stellen Sie die Kerzen und die Rose auf, die Sie zuvor durch Berührung mit Ihrer Energie aufgeladen haben. Geben Sie einige Tropfen Rosenöl in die Aromalampe und zünden Sie dann die Kerzen an.

2 Legen Sie sich in bequemer Kleidung auf eine Liege, entspannen Sie sich, und schließen Sie die Augen. Nun stellen Sie sich vor, wie Sie einen Trichter auf Ihren Kopf setzen und eine goldene Energie, ein kraftvolles Licht ganz langsam aus diesem Trichter in Ihren Kopf fließt und sich bis in die Schultern ausbreitet.

3 Spüren Sie, wie dieses heilende Licht langsam und stetig durch die Oberarme bis zu den Ellbogen und weiter in die Unterarme bis in jeden einzelnen Finger hin-

> *Ein goldenes Licht durchflutet langsam und wohltuend Ihren ganzen Körper und sorgt für neue Energie.*

Positive Energien nachtanken

einfließt. Nun breitet sich das Licht in Ihrem Brustkorb aus, fließt in Ihr Herz und gestaltet den Herzschlag ruhig und regelmäßig. Das Licht fließt weiter in den Bauch, umschmiegt sanft Ihre Organe – und gleitet tiefer, bis zu den Fußsohlen.

4 Ihr ganzer Körper ist ausgefüllt von diesem wohltuenden Licht, das alle negativen Energien auflöst und Ihnen innere Ruhe schenkt. Verbleiben Sie mindestens zehn Minuten in dieser entspannten Haltung.

Die besten Zeiten für dieses Ritual sind in der Winterzeit:

Sonntag:	8 und 22 Uhr
Montag:	2 und 19 Uhr
Dienstag:	9, 16 und 23 Uhr
Mittwoch:	6, 13 und 20 Uhr
Donnerstag:	10, 15 und 21 Uhr
Freitag:	7, 14 und 21 Uhr
Samstag:	11 und 18 Uhr

Ich habe gute Erfahrungen mit diesem Ritual gemacht, denn die Kraftaufladung ist wichtig für alle Hexen, um sich wieder auf die eigene kraftvolle Intuition konzentrieren zu können.

In der Sommerzeit zählen Sie wie bei dem vorherigen Ritual jeweils eine Stunde zu den hier angegebenen Zeiten dazu.
Sind Sie durch rituelle Räucherung gereinigt und haben Sie mittels Kraftaufladung Ihre positiven Schwingungen zurückgefunden, werden Sie schnell wieder Erfolg spüren.

Erfolgreiche Liebesrituale

Weiße Magie

An dieser Stelle möchte ich noch anmerken, dass, sollte Ihnen wider Erwarten einmal ein Ritual nicht so recht gelingen, es daran liegen kann, dass Sie einen ungünstigen Zeitpunkt für das Ritual gewählt haben.
Möglich ist natürlich auch, dass Sie einen Menschen wieder seinen Willen zu erobern trachten. In diesem Fall muss ich Ihnen jedoch mitteilen, dass meine weißmagischen Kräfte dazu nicht zu gebrauchen sind. Denn weiße Magie ist sich ihrer Verantwortung dahingehend bewusst, dass alles, was man tut, die Zukunft verändern kann – zum Guten wie zum Schlechten. Daher ist es wichtig, immer in Liebe zu wirken und niemals aus Hass oder Wut magisch zu arbeiten.
Alle Energien, die Sie mit negativen Gedanken in sich aufwenden, kommen zum einen in fünf- bis zehnfacher Stärke zu Ihnen zurück, und zum anderen stellen derartige Handlungen einen schweren Missbrauch der kosmischen Kräfte dar. An diese Regeln habe ich mich bisher immer strikt gehalten, und auch Ihnen möchte ich sie vermitteln. Bemühen Sie sich also um eine positive Haltung Ihnen selbst und Ihren Mitmenschen gegenüber, und vergewissern Sie sich, dass

> *Wie man in den Wald hineinruft, so schallt es zurück, nur zigfach potenziert – so könnte man in aller Kürze das Resultat beim Missbrauch kosmischer Kräfte charakterisieren.*

Weißmagische Kräfte

Sie mit Ihrem Ritual keinen Schaden anrichten können. Besteht nur der geringste Verdacht, lassen Sie es bleiben. Denn alles, was Sie ohne Groll, Wut oder Arglist, sondern mit Liebe und positiv beginnen, wird Ihnen optimalen Erfolg garantieren, auch wenn es manchmal schwierig erscheint.
Und so sei an dieser Stelle nochmal ausdrücklich darauf hingewiesen, dass Sie kein Liebesritual durchführen sollten, wenn der von Ihnen gewünschte Partner in einer festen und glücklichen Beziehung lebt. Sie würden diese Beziehung mit Ihren Ritualen nur stören und einen anderen Menschen damit unnötig verletzen.
Liebe ist nichts anderes als eine Urschwingung der Lebensharmonie. Sie entsteht einfach, wenn sich Schwingungen gleicher Intensität begegnen. Gleiches zieht immer wieder im Leben Gleiches an, verstärkt sich und wird zu einer elementaren, alles überwindenden Kraft.
In diesem Sinne wünsche ich Ihnen mit den hier vorgestellten Ritualen viel Erfolg bei Ihren Herzensdingen und dass auch Sie diese elementare Kraft bald mit dem Partner Ihrer Wahl verspüren.

> Weiße Magie ist beileibe keine Spielerei – sie setzt verantwortungsbewusstes Handeln und Mitgefühl für den Menschen voraus.

Liebeszauber mit dem Kochlöffel

Die Magie in der Küche konnte bis jetzt noch niemand wirklich erklären, genauer, weshalb viele Lebensmittel so wirken, wie sie wirken. Unsere Phantasie spielt dabei eine große Rolle, und das war schon immer so: Spargel gilt seit jeher als gutes Essen für Verliebte. Und der Glaube, dass Fenchel die Kampfeslust fördert, reicht bis in die Antike zurück.

Rezepte aus dem Hexenkochbuch

Hexerei im Küchenalltag

Spielen Sie diese alten Spiele weiter – je wohler Sie sich beim Essen mit Ihrem Liebsten fühlen, desto schöner ist auch das Drumherum.
Liebevolle Küchenhexen schenken auch allen anderen Menschen, die Sie lieben, ein schönes Essen: der besten Freundin, der Mutter oder der Lieblingskollegin. Und natürlich lässt diese Hexenküche auch die ganz großen Familientreffen funkeln.
Mit den nachfolgenden weißmagischen Rezepten, die allesamt auf positiver Energie basieren, können Sie das Glück auf Ihre Seite lenken und den Partner bei einem gut schmeckenden Essen von Ihren Qualitäten überzeugen! Aus der Vielzahl der Zubereitungen, die sich bei mir in langjähriger Praxis bewährt haben, habe ich die besten für Sie ausgewählt.

Liebe geht durch den Magen, das wussten auch schon die weisen Frauen in früheren Jahrhunderten und beschäftigten sich eingehend damit – profitieren Sie von diesem Wissen!

Wenn die Hexe kocht

Bevor Sie zur Tat schreiten, sei noch angemerkt, dass es in der Küche nicht nur darum geht, was Sie kochen, sondern auch wie Sie es zubereiten. Versuchen Sie bei den Küchengeräten darauf zu achten, möglichst

Liebeszauber aus dem Kochtopf

viel Zubehör aus natürlichen Materialien zu benutzen. Holz, Gusseisen und Keramik wie Porzellan eignen sich gut, während zum Beispiel die Mikrowelle dem Essen jegliche Energie raubt.

Ferner sollten Sie mit Lebensmitteln respektvoll umgehen. Sie geben uns die Nährstoffe, die unsere Gesundheit erhalten, sie haben Inhaltsstoffe, die uns inspirieren und auf magische Weise beeinflussen. Eine gute, weißmagische Hexe bevorzugt daher Fleisch solcher Tiere, die ein glückliches Leben führen durften. Und jetzt zur Küchenpraxis!

> Mit Nahrungsmitteln, die aus der Natur stammen, sollte man in der Küche respektvoll umgehen.

🌀 Hirsch mit Brombeeren
Für Liebesglut mit Frauenpower

Zutaten für 2 Personen
1/2 TL Wacholderbeeren
1 EL Öl
1 EL Butter
2 Hirschmedaillons (aus dem Rückenfilet; à ca. 120 g)
Salz
frisch gemahlener weißer Pfeffer
1 EL Johannisbeergelee
1 TL Orangensaft
100 g Crème fraîche
100 g Brombeeren

Liebesglut mit Frauenpower

Theas geheimer Tipp

Wollen Sie Ihren Liebsten an sich fesseln, ihn mit Ihrer Leidenschaft bezaubern? Dann sind Hirschmedaillons mit Brombeeren genau richtig für das Mahl zu zweit. Der Hirsch als machtvolle erotische Kraft wird von süßen Beeren, Verwandten der Rose, begleitet. Ihr roter Saft symbolisiert die Liebesglut, ihre fünf Blütenblätter stehen für Ihren starken Willen, der keiner anderen Frau das Terrain Ihrer Liebe überlassen wird.

1 Heizen Sie den Backofen auf 180 °C (Gas: Stufe 2–3) vor. Die Wacholderbeeren mit einem Messer möglichst fein zerdrücken.
2 In einer Pfanne Öl und Butter erhitzen. Die Hirschmedaillons darin bei mittlerer Hitze auf jeder Seite leicht braun anbraten.
3 Die Hirschmedaillons herausnehmen und nebeneinander in eine flache Gratinform legen. Mit Salz und Pfeffer würzen und mit dem Bratfett aus der Pfanne beträufeln.
4 Zugedeckt in den heißen Backofen (auf der mittleren Schiene) schieben und etwa 15 Minuten garen.
5 Geben Sie in der Zwischenzeit Wacholderbeeren, Johannisbeergelee und Orangen-

> Lassen Sie sich in der Küche so viel Zeit wie bei der Liebe: Medaillons vom Wild muss man langsam braten, damit sie zart bleiben. Der Deckel auf der Form und das Bratfett schützen das Fleisch vor dem Austrocknen.

Liebeszauber aus dem Kochtopf

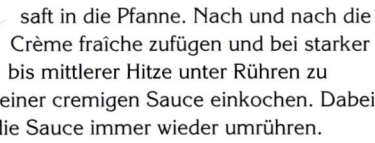

saft in die Pfanne. Nach und nach die Crème fraîche zufügen und bei starker bis mittlerer Hitze unter Rühren zu einer cremigen Sauce einkochen. Dabei die Sauce immer wieder umrühren.

6 Die Brombeeren verlesen, in einer Schüssel mit kaltem Wasser kurz waschen und in einem Sieb gut abtropfen lassen. Die Beeren in die Sauce geben und einige Male darin wenden, bis sie heiß sind.

7 Legen Sie die Medaillons auf vorgewärmte Teller. Die Brombeeren mit der Johannisbeersauce darauf anrichten.

Erdbeeren des Zeus
Zum Eintauchen ins Glück

Zutaten für 2 Personen
8 schöne große Erdbeeren
50 g Edelbitterschokolade
50 g Vollmilchschokolade
1 TL Orangenlikör
1 TL Sonnenblumenöl für die Platte
100 g Sahne
1 EL Vanillezucker

Erdbeeren waren in der Antike dem Göttervater Zeus geweiht, dessen erotische Abenteuer die Bewohner des Olymp amüsierten und die Irdischen verblüfften.

1 Fassen Sie die Erdbeeren vorsichtig an den Kelchen und spülen Sie sie nacheinander in einer Schüssel mit kaltem Wasser.

Eintauchen ins Glück

2 Die Früchte sofort mit einer Serviette trockentupfen und einzeln auf ein Küchentuch legen.
3 Die Schokolade in Stücke brechen, in einen kleinen Topf geben und im heißen Wasserbad flüssig werden lassen. Den Likör unterrühren.
4 Die Erdbeeren in die lauwarme, flüssige Schokolade tauchen und so auf eine geölte Platte setzen, dass sie möglichst nicht auf der »Schokoladenseite« liegen. Die Schokolade erkalten lassen.
5 Zum Servieren die Sahne mit dem Vanillezucker steif schlagen und als hübsche Rosette auf Portionsteller spritzen. Die Schokoladen-Erdbeeren zum Eintunken daneben anrichten.

Theas geheimer Tipp

Nutzen Sie die Kraft der ganzen Erdbeerpflanze, wenn Sie Ihren widerspenstigen Prinzen gewinnen wollen: Stellen Sie ein Sträußchen mit den Ranken auf den Tisch. Die weißen Blüten stehen für Ihr unschuldiges Lächeln, die noch grünen Beeren für Ihre Hoffnung auf Erfolg, die bereits roten für Ihre Glut. Dazu servieren Sie das Schälchen mit den reifen Früchten in süßer Schokolade...

Tatsächlich kam der liebeslustige Zeus immer zum Ziel seiner Wünsche – mal mit List und Verkleidung, mal mit Charme und Verführungskünsten.

Liebeszauber aus dem Kochtopf

🌀 Liebespfeilsuppe
Setzt erotische Highlights

Zutaten für 2 Personen
500 g Tomaten
1 Schalotte
1 kleines Bund Suppengrün
1 großes Bund Petersilie
2 EL Öl
150 ml Gemüsefond (Glas)
50 g Crème fraîche
Salz
frisch gemahlener weißer Pfeffer
1 Prise Zucker

Dezente, dennoch geheimnisvoll kräftige Pfeile der Liebe, schicken Sie mit dieser Suppe Richtung Herz Ihres Liebsten.

1 Die Tomaten kreuzweise am Stielansatz überbrühen, abziehen und halbieren, die Stielansätze herausschneiden. Die Schalotte schälen und sehr fein hacken. Das Suppengrün und die Petersilie abbrausen und trockenschütteln.

2 Das Suppengrün grob zerkleinern. Die Petersilienstiele und etwa zwei Drittel der Blättchen grob hacken. Den Rest der Blättchen zum Bestreuen der fertigen Suppe beiseite legen.

3 Das Öl erhitzen und die Schalottenwürfelchen darin glasig dünsten. Tomaten, Suppengrün und Petersilie nach und nach

Für erotische Highlights

zugeben und alles unter Rühren etwa 2 Minuten schmoren lassen.

4 Den Gemüsefond zugießen, alles einmal aufkochen lassen und die Suppe zugedeckt bei schwacher Hitze dann etwa 40 Minuten sanft kochen lassen; dabei gelegentlich umrühren.

5 Die zuvor beiseite gelegten Petersilienblättchen fein hacken. Die Suppe mit einem Mixstab pürieren oder durch ein Sieb streichen. Zusammen mit der Crème fraîche wieder in den Topf geben und unter Rühren nochmals langsam erhitzen.

6 Die Suppe mit Salz, Pfeffer und Zucker abschmecken und auf vorgewärmte Teller verteilen. Abschließend mit der Petersilie bestreut servieren.

> Vor allem der Sellerie wird die gerade beginnende Beziehung schnell stürmischer werden lassen.

Theas geheimer Tipp

Liebesmächtige Zutaten muss sie enthalten, die Suppe für den ersten Abend zu zweit: Tomaten als Liebesäpfel, Petersilie und Sellerie im Suppengrün als wichtige Potenzmittel sowie Crème fraîche für die sahnige Sanftheit der neuen Beziehung. Wenn das alles nicht wirken sollte, haben Sie sich aller Wahrscheinlichkeit nach in den Falschen verguckt. Dann ist alle Liebesmüh – auch aus dem Kochtopf – vergeblich.

Liebeszauber aus dem Kochtopf

⊚ Spargelpäckchen
Wickeln Sie Liebe aus

Zutaten für 2 Personen
200 g grüner Spargel
Salz
1 Prise Zucker
3 EL Balsamessig
1 EL Zitronensaft
1/2 TL abgeriebene Zitronenschale
1/4 TL frisch gemahlener schwarzer Pfeffer
3 EL Olivenöl
4 dicke lange Schnittlauchhalme
2 große oder 4 kleine Scheiben Räucherlachs

Statt grünem können Sie auch weißen Spargel für dieses Rezept verwenden. Die Wirkung ist gleich bezaubernd.

1 Den Spargel waschen, die unteren Enden leicht – falls eventuell holzig etwas mehr – abschneiden. Mit 1 Teelöffel Salz und dem Zucker aufkochen.
2 Den Spargel zugeben, erneut aufkochen und zugedeckt bei mittlerer bis schwacher Hitze in etwa 6 Minuten gerade eben bissfest kochen. Die Spargelstangen anschließend vorsichtig herausnehmen und auf eine tiefe Platte legen.
3 Essig, Zitronensaft und -schale, Salz, Pfeffer, 1/2 Schöpfkelle Spargelwasser

Den Liebesknoten lösen

Theas geheimer Tipp

Spargel hat als kräftigendes Potenzmittel bekanntlich seit langer Zeit schon einen Ruf wie Donnerhall. Doch verlassen Sie sich nicht nur auf die Wirkung der frühlingsfrischen Stangen. Mindestens genauso wichtig ist die Atmosphäre, die Sie beim Essen zu zweit schaffen. Servieren Sie deshalb vorab ein Gläschen Sekt oder Champagner – das prickelt wunderbar, nimmt alle negative Spannung, ohne dass die positive verpufft.

Zu den Spargelpäckchen gibt es nur einen ganz leichten Wein, schließlich tötet bekanntlich zu viel Alkohol die Liebe.

und das Öl vermischen und über den Spargel geben. Zugedeckt bei Zimmertemperatur etwa 2 Stunden ziehen lassen.

4 Die Schnittlauchhalme etwa 1 Sekunde in kochendes Wasser tauchen, damit sie geschmeidig werden. Die Halme wie Bindfäden auf zwei Portionsteller legen. Die Räucherlachsscheiben darauf ausbreiten. Den Spargel in zwei Portionen teilen und auf den Lachs legen.

5 Den Lachs aufrollen. Die Schittlauchhalme um die Päckchen legen und vorsichtig zum Knoten schlingen.

Grüner Spargel bereitet Ihnen beim Kochen allerdings weniger Stress: Er macht kaum Arbeit bei der Vorbereitung, ist schneller gar und enthält mehr nervenstärkendes Magnesium als weißer Spargel.

Liebeszauber aus dem Kochtopf

🌀 Eier der Wahrheit
Für klare Sicht bei der Partnerwahl

Zutaten für 2 Personen
4 frische Eier
2 Essiggurken
50 g Sahne
100 g Crème fraîche
1 EL körniger Senf
Salz
frisch gemahlener weißer Pfeffer
1 TL Zitronensaft
4 kleine Dillzweige

1 Die Eier in etwa 5 Minuten wachsweich kochen. Abgießen, kalt abschrecken und mit der Schale in Küchentücher wickeln, damit die Eier heiß bleiben, bis die Sauce zubereitet ist.
2 Die abgetropften Essiggurken klein würfeln. Die Sahne steif schlagen.
3 Die Crème fraîche mit dem Senf und den Gurkenwürfelchen mischen. Alles mit Salz, Pfeffer und Zitronensaft abschmecken und auf Portionstellern verteilen.
4 Die Eier pellen, halbieren, auf die Sauce setzen und mit den zuvor abgebrausten und trockengeschüttelten Dillzweiglein garniert sofort servieren.

Bereits in Shakespeares 'Sommernachtstraum' wird das Elfchen »Senfsamen« im Gefolge der Feenkönigin Titania zum Diener ihres Liebhabers ernannt – machen Sie es wie Shakespeare.

Magie mit der Muschel

Theas geheimer Tipp
In der Liebe ist Senf das Kraut der Wahrheit. Wird Ihr Liebesmahl also ein Erfolg, hat ›Er‹ gewonnen. Gelingt die Sauce nicht, haben Sie die Entscheidung unbewusst schon beim Kochen getroffen.

Spaghetti der Venus
Verführung am Herd

Zutaten für 2 Personen
1 Lauchzwiebel
1 Knoblauchzehe
2 EL Butter
1 Glas ausgelöstes Venusmuschelfleisch im eigenen Saft
100 ml Fischfond (Glas)
200 g Sahne
Salz
frisch gemahlener Pfeffer
1 EL Zitronensaft
200 g dünne Spaghetti

1 Die Lauchzwiebel putzen, waschen und trockentupfen. Zusammen mit dem Grün in fingerlange Stücke schneiden. Diese der Länge nach in feine Streifen schneiden. Den Knoblauch schälen und hacken.

Venus, die Göttin der Liebe und aller schönen Frauen, wurde aus weißschäumenden Meereswogen geboren. Eine Muschelschale trug sie nach Zypern, und als sie das Land betrat, erblühten die Blumen auf ihrem Weg. – Lassen auch Sie die Blumen der Liebe mit diesem Gericht erblühen.

Die Menschen haben der Göttin zum Dank, weil sie ihnen so wunderbare Stunden schenkt, die feinsten kleinen Muscheln nach ihr benannt.

2 Die Lauchzwiebelstreifen in der heißen Butter bei schwacher Hitze braten, bis sie gerade eben weich sind; dabei nicht bräunen. Zwiebelstreifen herausnehmen und auf einem Teller beseite stellen.
3 Das Muschelfleisch in ein Sieb gießen und abtropfen lassen. Den Knoblauch in der heißen Butter bei schwacher Hitze glasig braten. Fond und Sahne zugießen, einmal aufkochen und bei starker Hitze unter Rühren dickflüssig einkochen. Mit Salz, Pfeffer und Zitronensaft abschmecken. Zum Schluss das Muschelfleisch untermischen und erhitzen, aber nicht aufkochen.
4 Während die Sauce einkocht, die Spaghetti in reichlich Salzwasser bissfest kochen. Abgießen, abtropfen lassen, mit der Sauce und den Muscheln mischen. Auf sehr heißen Portionstellern anrichten und mit den Lauchzwiebelstreifen belegt sofort servieren.

Orientalische Rebhühner

Für eine lange Liebe

Zutaten für 2 Personen
100 g kleine Schalotten
1 Granatapfel
100 ml Kalbsfond (Glas)

Verführung aus dem Orient

2 küchenfertige Rebhühner (à ca. 200 g)
Salz
frisch gemahlener schwarzer Pfeffer
1 EL Öl
1 1/2 EL Butter
1/2 EL Zucker
1 EL Limettensaft
2 Stängel Petersilie

1 Den Backofen auf 180 °C (Umluft 160 °C, Gas Stufe 2–3) vorheizen. Die Schalotten abziehen. Den Granatapfel quer halbieren, die Kerne herauskratzen und in ein Sieb geben; dabei den Saft auffangen und diesen mit dem Kalbsfond mischen.

2 Die Rebhühner abwaschen, trockentupfen und mit Salz und Pfeffer würzen. Öl und 1/2 Esslöffel Butter in einem Bräter erhitzen. Die Hühner darin bei mittlerer Hitze pro Seite etwa 4 Minuten anbraten. Die Hälfte des Fonds zugießen. Den Bräter offen in den Backofen schieben und die Rebhühner etwa 35 Minuten braten; immer wieder mit Sud begießen.

3 Die restliche Butter erhitzen. Den Zucker darin bei schwacher Hitze unter Rühren schmelzen. Den Limettensaft und die Schalotten zugeben und diese etwa 1 Minute schmoren lassen.

Granatäpfel binden den Liebsten: Der Sage nach gab Hades seiner angebeteten Persephone eine Hand voll Granatapfelkerne zu essen, bevor er sie ihre Mutter Demeter besuchen ließ. Der Herrscher der Unterwelt wollte nicht riskieren, dass die Schöne auf der Erde blieb und seinem Schattenreich den Rücken kehrte.

Liebeszauber aus dem Kochtopf

4 Die restliche Fondmischung zugießen, Schalotten mit Salz und Pfeffer würzen und etwa 10 Minuten garen. Die Granatapfelkerne zum Schluss untermischen und ebenfalls erhitzen. Die Petersilie waschen, trockenschütteln und fein hacken.

5 Die Rebhühner halbieren und auf vorgewärmte Teller legen. Die Schalotten mit den Garanatapfelkernen daneben anrichten, Petersilie über die Hühner streuen.

Feiern Sie mit guten Freunden bei diesem Gericht die Geburt Ihres ersten Kindes, das vielleicht nicht das letzte sein soll.

Ragout aus Wald und Flur
Für Glück und Fruchtbarkeit

Zutaten für 4 Personen
1 küchenfertiges Kaninchen (ca. 1,3 kg)
100 g durchwachsener Räucherspeck
1 große Zwiebel
2 Knoblauchzehen
1 Stück frischer Ingwer (ca. 6 cm)
1 kleine unbehandelte Orange
1 EL Öl
1/4 l trockener Weißwein
300 g Quitten
200 g Sahne
Salz
1/4 TL Zimt
Cayennepfeffer

Fruchtbares Glück

1. Das Kaninchen vom Händler in acht Portionsstücke teilen lassen. Die Stücke kalt abspülen und trockentupfen. Den Speck von Schwarte und Knorpel befreien und fein würfeln.
2. Zwiebel und Knoblauch abziehen und hacken. Den Ingwer schälen und fein reiben. Die Orange heiß waschen, abtrocknen, etwa die Hälfte der Schale dünn abschälen und in feine Streifen schneiden. Die Orange auspressen.
3. Das Öl in einem großen Schmortopf erhitzen. Das Fleisch darin bei starker bis mittlerer Hitze unter häufigem Wenden rundherum braun anbraten.
4. Speck, Zwiebel und Knoblauch zugeben und kurz mitbraten. Ingwer, Orangensaft und Wein zugeben, den Bratfond damit lösen. Zugedeckt bei schwacher Hitze etwa 20 Minuten schmoren.
5. Inzwischen die Quitten waschen, vierteln, schälen, vom Kerngehäuse befreien und in etwa 1 Zentimeter dicke Spalten schneiden. Mit der halben Menge Orangenschale zum Kaninchen geben und 20 bis 30 Minuten schmoren, bis das Fleisch und die Quitten weich sind.
6. Das Ragout mit den Quitten in eine heiße Schüssel geben und warm stellen.

Beleben Sie anlässlich der Geburt vielleicht auch einen alten Brauch: Pflanzen Sie einen Obstbaum. Seine schützende Krone symbolisiert die Mütterlichkeit, während sein Stamm als Sinnbild männlicher Potenz gilt.

Liebeszauber aus dem Kochtopf

7 Die Sahne nach und nach zur Schmorflüssigkeit im Bräter geben und bei starker Hitze unter Rühren dick einkochen. Die Sauce mit der restlichen Orangenschale, Salz, Zimt und einer kräftigen Prise Cayennepfeffer abschmecken. Abschließend über das Ragout gießen.

Theas geheimer Tipp

Lassen Sie sich von platten Kaninchenwitzen nicht beirren: Genau wie der Hase galt auch das Kaninchen unseren Ahninnen als heiliges Symboltier für Fruchtbarkeit. Und sein Fleisch schmeckt milder als das von Meister Lampe.

Vergoldete Himbeeren

Für den Beginn einer wunderbaren Ehe

Wenn Sie Ihren Märchenprinzen gefunden haben, bitten Sie doch liebe Freunde, gemeinsam mit Ihnen in eine glückliche Zukunft hineinzufeiern.

Zutaten für 6 Personen
10 Blatt weiße Gelatine
400 g Himbeeren
3/8 l schwarzer Johannisbeersaft
1/8 l Himbeersirup
1/8 l Cassis (schwarzer Johannisbeerlikör)
6 Blattgoldblättchen (Bastelbedarf)

1 Die Gelatine in kaltem Wasser einweichen. Die Himbeeren gründlich verlesen,

Gold für langes Liebesglück

aber möglichst nicht waschen, da sie sonst zu schnell ihre Form und Festigkeit verlieren und nicht mehr so hübsch aussehen. Den Johannisbeersaft mit Sirup und Cassis vermischen.

2 Die Gelatine ausdrücken, in 2 Esslöffeln heißem Wasser auflösen und unter ständigem Rühren zur Saftmischung geben. Etwas von der Flüssigkeit in eine runde Savarin- oder Reisrandform (3/4 Liter Inhalt) geben und im Kühlschrank fest werden lassen.

3 Ein Drittel der Beeren auf das Gelee geben, mit Saftmischung bedecken; wieder erstarren lassen.

4 Ein weiteres Drittel Himbeeren und die restliche Saftmischung auf das Gelee geben.

5 Das Gelee mindestens 2 Stunden, besser noch über Nacht in den Kühlschrank stellen, so dass es durch und durch erstarren kann.

6 Die Form kurz in heißes Wasser tauchen und sofort auf eine Platte stürzen. Die restlichen Himbeeren in die Mitte des Geleerings geben.

7 Die Blattgoldblättchen in Flöckchen zerbrechen und das Gelee damit auf der Oberfläche hübsch garnieren.

Viele Historiker glauben, dass Dornröschens Schloss nicht von Rosen, sondern von Himbeeren geschützt wurde. Denn schon die Kelten umgaben ihre Heiligtümer mit Beerenhecken, die nur Eingeweihte durchdringen konnten – ein ebenso märchenhaftes Glück für Sie und Ihren 'Eingeweihten'.

Liebeszauber aus dem Kochtopf

Theas geheimer Tipp
Schon beim bloßen Anblick der Farbe Rot schaltet unsere Psyche auf Dynamik und Leidenschaft um. Nutzen Sie diese bekannte Tatsache geschickt für Ihr Liebesmahl zu zweit!

🌀 Strawberry in love
Kühlt den Gaumen, nicht die Liebe

Zutaten für 2 Personen
1 Zweig Minze
300 g Erdbeeren (TK)
1 EL Cassis (schwarzer Johannisbeerlikör)
1/8 l Sekt oder Prosecco

Gleich zwei Komponenten wirken in diesem Rezept: die Erdbeeren des liebesfrohen Zeus und die belebende Kraft des Sekts.

1 Die Minze abbrausen, trockenschütteln und einige schöne Blättchen für die Garnitur abzupfen.
2 Die gefrorenen Beeren mit dem Cassis im Mixer oder Blitzhacker pürieren und anschließend in eisgekühlte hohe Gläser geben.
3 Das Püree mit kaltem Sekt oder Prosecco aufgießen.
4 Das Sorbet mit Minze garnieren und sofort servieren.

Fruchtiges für Ihre Lieben

⊚ Exotischer Früchtetraum
Liebe für alle

Zutaten für 6 Personen
1/4 l Milch
2 gestrichene EL Sahnepuddingpulver
1/2 TL Lebkuchengewürz
50 g Zucker
1 unbehandelte Orange
100 g Sahne
6 frische Litschis
2 reife Karambolen
3 Kumquats
1 Banane
200 g frische Datteln
1 grüner Apfel (z. B. Granny Smith)
2 cl Orangenlikör oder weißer Fruchtsaft
1/2 EL Honig
2 EL Kokosflocken

Für das große Familienfest, die Hochzeitsfeier oder als Geschenk zur Goldenen Hochzeit Ihrer Eltern können Sie diesen Salat auch im Voraus zubereiten, damit Sie beim Feiern nicht zu kurz kommen.

1 Für die Creme die Hälfte der Milch mit dem Puddingpulver und dem Lebkuchengewürz glatt rühren. Den Rest der Milch mit Zucker aufkochen. Den angerührten Pudding untermischen und unter Rühren aufkochen, bis er dickflüssig ist. Abkühlen lassen, bis er nur noch lauwarm ist; dabei häufig umrühren, dann durch ein Sieb passieren.

Liebeszauber aus dem Kochtopf

2 Die Orange heiß abwaschen, abtrocknen und reichlich Schale abreiben. Den Saft auspressen. Die Sahne steif schlagen.
3 Die Orangenschale und den Saft unter die Creme mischen. Die Sahne auf die Creme geben und unterziehen. Die Creme zugedeckt kühlen, bis der Obstsalat fertig ist.
4 Die Litschis aus den Schalen lösen, halbieren und vom Kern befreien. Die Karambolen und die Kumquats waschen und in Scheiben schneiden. Die Banane schälen und das Fruchtfleisch in Scheiben schneiden. Die Datteln halbieren und in Streifen schneiden, dabei die Kerne entfernen. Den Apfel gründlich waschen, trocknen, vierteln, vom Kerngehäuse befreien und in dünne Spalten teilen.
5 Das Obst in einer Schüssel mit Likör und Honig vermengen und auf Dessertteller geben. Die Creme darüber verteilen und mit den Kokosflocken bestreuen.

Ein Salat voller Wunderfrüchte – gerade recht für den Abschluss eines wunderbaren Essens mit all Ihren Lieben.

Theas geheimer Tipp

Nehmen Sie für diesen Salat voller Wunderfrüchte, der sich gut vorbereiten lässt und auch lieben Gästen gut mundet, aber bitte nur die angegebenen Früchte – Ananas, Papayas oder Kiwis würden ihn bitter machen.

Wenn Sie sich ein Baby wünschen

🌀 Fruchtbarkeitstorte

Aus zwei mach drei

Zutaten für 8 Stücke
Teig:
100 g Mohn
100 g weiche Butter
60 g Zucker
1 Prise Salz
1/2 EL Vanillezucker
4 mittelgroße Eier
50 g Mehl
je 25 g Stärke und gemahlene Mandeln
1 TL Backpulver
1 TL Orangensaft
Fett für die Form
Füllung:
1 mittelgroßes frisches Ei
Mark von 1/2 Vanilleschote
2 EL Zucker
25 g Speisestärke
1/4 l Milch
2 EL Kaffeelikör
Guss:
200 g flüssige Halbbitterkuvertüre
50 g Mandelblättchen zum Bestreuen

> Wenn Sie eine Familie gründen wollen, dann versichern Sie sich der Unterstützung der magischen Kräfte des Mohns. Er wird Ihnen helfen.

1 Den Mohn mahlen. Butter, Zucker, Salz und Vanillezucker schaumig rühren.

Liebeszauber aus dem Kochtopf

Glückliche Küchenhexen setzen das Signal, dass wir einmal wieder raus aus dem Alltagstrott wollen, dass wir mit einem befreienden Ritual ein wenig Glanz in den grauen Alltag bringen wollen.

Die Eier trennen, Eigelbe nacheinander unterrühren. Mehl, Speisestärke, Mohn, Mandeln und Backpulver unterrühren. Eiweiß mit Orangensaft steif schlagen und unterheben.

2 Den Teig in einer gefetteten Springform (22 Zentimeter Durchmesser) glatt streichen, in den Backofen (unten) schieben, auf 200 °C (Umluft 180 °C, Gas Stufe 3–4) stellen und etwa 40 Minuten backen.

Theas geheimer Tipp

Kaum eine Pflanze wirkt so stark positiv auf die Fruchtbarkeit wie der Mohn. Essen Sie diese Torte mit Ihrem Liebsten, wenn Sie sich ein Baby wünschen.

3 Für die Füllung das Ei trennen. Vanillemark, Eigelb, Zucker, Speisestärke und 3 Esslöffel Milch verrühren. Die restliche Milch zugießen und das Gemisch unter Rühren aufkochen.

4 Die abgekühlte Vanillecreme durch ein feines Sieb streichen. Likör und steifes Eiweiß unterziehen. Den abgekühlten Kuchenboden waagerecht durchschneiden, mit der Creme füllen und wieder zusammensetzen. Dick mit Kuvertüre überziehen und mit Mandelblättchen bestreuen.

Zum Lammas-Fest

🌀 Feigentorte »Mandorla«
Die Fülle des Lebens feiern

Zutaten für 6 Personen
10 frische Feigen
6 EL Sherry medium
200 g Mandelstifte
170 g weiche Butter
1/2 Vanilleschote
150 g Zucker
1/4 TL Lebkuchengewürz
3 Eier
250 g Mehl
1 TL Backpulver
Fett und Pergamentpapier für die Form
Saft von 1 Limette
etwas Puderzucker zum Bestäuben

1 Die Feigen waschen, halbieren und in eine Schüssel legen. Mit 3 Esslöffeln Sherry beträufeln und zugedeckt etwa 3 Stunden ziehen lassen.
2 Die Mandelstifte in 1 Esslöffel Butter goldgelb rösten. Die Vanilleschote längs aufschneiden und das Mark herauskratzen.
3 Die restliche Butter mit Vanillemark, Zucker, Lebkuchengewürz, Eiern, Mehl und Backpulver verquirlen. Die Mandeln unter den Teig mischen.

Vielen Völkern ist der Feigenbaum heilig, gelten seine Früchte doch wie Trauben und Oliven als Symbole weiblicher Fruchtbarkeit.

Liebeszauber aus dem Kochtopf

4 Den Teig in eine mit gefettetem Pergamentpapier ausgelegte Springform füllen. Die abgetropften Feigen mit den Schnittflächen nach oben auf dem Teig verteilen. Den verbliebenen Sherry mit dem Limettensaft mischen und beiseite stellen.

5 Die Torte in den kalten Backofen auf die mittlere Schiene stellen und bei 180 °C (Umluft 160 °C; Gas Stufe 2–3) etwa 45 Minuten backen. Nach 10 Minuten mit Pergamentpapier abdecken.

Machen wir uns das Wissen von früher zunutze, und verbinden wir es mit unserer Lust am guten Essen.

Theas geheimer Tipp

Zu Lammas am 2. August sind die Feigen reif, platzen schier vor Süße und Saft. So passt die Torte vorzüglich zum Fest der Fülle und des Überflusses, das zu den wichtigsten im Jahreslauf der Hexenfeste zählt (siehe Seite 119). Auch unsere Handlungen, Gedanken und Wünsche sollten nun »reif zur Ernte« sein.

6 Die Torte herausnehmen, mit der Sherrymischung bestreichen und in der Form etwa 10 Minuten ruhen lassen.

7 Die Torte aus der Form lösen und auf einem Kuchengitter abkühlen lassen. Zum Servieren abschließend mit Puderzucker bestäuben.

Ein verzauberndes Liebesmahl

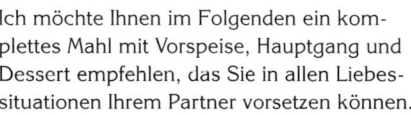 Ein Vollmond-Liebesmahl

Liebe ohne Grenzen

Zutaten für 2 Personen
4 Bund Petersilie
1 kleine Sellerieknolle
2 Angussteaks
verschiedene Gemüse
frische Salate
2 Portionen Kaffee
etwas Cognac
etwas Sahne
etwas Zimt

Weißmagische Hexen reisen durch Ort und Zeit, finden überall neue Ideen. Das gilt natürlich auch für die Küchenhexerei. Besorgen Sie die Lebensmittel in möglichst vielen verschiedenen Geschäften.

Ich möchte Ihnen im Folgenden ein komplettes Mahl mit Vorspeise, Hauptgang und Dessert empfehlen, das Sie in allen Liebessituationen Ihrem Partner vorsetzen können.
1 Als Entree schlage ich eine leichte Gemüsesuppe vor – die unbedingt für Ihr Liebesmahl mit zwei Bund klein gehackter Petersilie gewürzt sein sollte –, über die Sie eine kleine geriebene Sellerieknolle streuen, deren Wirkung Sie ja bereits von Seite 16 und 39 her kennen.
2 Als Hauptgang servieren Sie ein Angussteak mit knackfrischen Salaten, unter die wiederum zwei Bund klein gehackte Petersilie gemischt werden.

Liebeszauber aus dem Kochtopf

3 Als Getränk reichen Sie leichten italienischen Rotwein und als Nachtisch Kaffee mit Cognac und Sahnehäubchen mit Zimt.
Zelebrieren Sie dieses köstliche Menü am besten in einer Vollmondnacht, da Ihnen dann auch alle kosmischen Kräfte wirklich hold sind und Sie bei Ihren Unternehmungen in Sachen Liebe mit der größtmöglichen Kraft unterstützen.
Denken Sie auch daran, dass die Augen mitessen, d. h. dass das Ambiente dementsprechend verführerisch ist.

> Wenn Sie auf Liebespfaden wandeln, sollte keine noch so kleine Unpässlichkeit Ihren Weg kreuzen – seien Sie also gewappnet.

Die Hexen-Apotheke

Unsere Vorfahren wussten durch ihre Erfahrung, dass viele Pflanzen geheimnisvolle Kräfte besitzen, die Beschwerden lindern und Kraft und Seelenfrieden spenden können. Bei den folgenden Rezepturen habe ich mir dieses uralte Wissen zunutze gemacht.

◎ Ein Mittelchen gegen Kopfschmerzen

Sie freuen sich auf ein bevorstehendes Rendezvous, doch plötzlich stellen sich Kopfschmerzen ein. Ausgerechnet jetzt! Doch die folgende kleine Tinktur kann helfen.

Heilkraut Melisse

Rezeptur
2 Tropfen Eukalyptusöl
2 Tropfen Lavendelöl
2 Tropfen Rosmarinöl

1 Vermischen Sie die Öle, und träufeln Sie das Gemisch auf einen Wattebausch. Dann halten Sie diesen an Ihre Schläfen.
2 Die Durchblutung wird angeregt und die Schmerzen weniger. Gleichzeitg spüren Sie, wie der Schmerz in Ihrem Kopf ganz langsam nach unten gleitet und in Ihren Bauch wandert. Dort halten Sie ihn fest. Konzentrieren Sie sich nun ganz auf Ihren Bauch, spüren Sie den Schmerz, und beobachten Sie, wie er langsam in den Weiten Ihrer Bauchhöhle verschwindet.
3 Dnach gehen Sie unbedingt auf die Toilette und lassen alles los. Noch Kopfschmerzen? Jetzt können Sie zu Ihrem Rendezvous gehen.

Lassen Sie die Kraft der Melisse in sich strömen, und besiegen Sie Ihre Nervosität und Ihre Ängste.

Mit Melisse gegen Reiseübelkeit

Wenn Ihnen unterwegs, egal ob mit dem Auto, dem Schiff oder im Flugzeug, leicht schlecht wird oder das Herz rast, ob Sie nervös sind, vor dem Start in die Lüfte angstvoll bibbern oder ob Ihr Magen rebelliert, weil er sich gegen die Wellenbewegung des Schiffbodens wehren will, es gibt ein Mittel, das hilft bestimmt.

Auf Reisen nehme ich immer eine Thermoskanne Melissentee mit. Er beruhigt den Magen, senkt den Blutdruck und wirkt dazu noch ausgleichend auf das Gemüt. Selbst vor langen, unruhigen Seereisen habe ich so keine Bedenken mehr. Genießen Sie unbeschwert die Reise mit Ihrem Liebsten!

Fitmacher für jede Gelegenheit

Wer kennt das nicht? Sie sind müde und abgespannt, aber die aktuelle Situation oder Ihre neue Liebe fordert im Gespräch bei einem Rendezvous Ihre uneingeschränkte Aufmerksamkeit.

Da hilft nur das folgende Rezept für ein Riechfläschchen mit einer magischen Duftmischung:

Rezeptur
20 ml Weingeist
5 Tropfen Bergamotteöl
5 Tropfen Lavendelöl
5 Tropfen Eisenkrautöl
1 Prise Salz

Mit dieser Riechflüssigkeit bringen Sie Ihren müden Geist auf jeden Fall wieder in Schwung.

Bewährte Notfalltropfen

1 Mischen Sie alle Zutaten der Rezeptur, und füllen Sie das Gemisch dann in ein kleines Fläschchen, das Sie ab jetzt immer bei sich tragen.
2 An dieser Komposition brauchen Sie nur riechen, und Ihre Sinne werden hellwach.

◎ Notfalltropfen gegen Katzenjammer

Wenn Sie mal so richtig eine Depression überfällt, hilft das nachfolgende kleine Erheiterungsmittelchen.

Jeder kennt sie, die Tage, an denen gar nichts klappen will und die Stimmung auf dem Nullpunkt ist – dieses Mittel schafft schnelle Abhilfe.

Rezeptur
30 Tropfen Johanniskrautöl
20 Tropfen Kamillenöl
10 Tropfen Basilikumöl
1 Prise Cayennepfeffer
1 Zitrone
etwas heißes Wasser
1 TL Zucker

1 Mischen Sie die Öle zusammen mit dem Cayennepfeffer.
2 Pressen Sie die Zitrone aus, und geben Sie den Zitronensaft zusammen mit etwas Wasser in ein Glas.
3 Dann träufeln Sie 10 Tropfen dieser Notfallmischung auf den Teelöffel mit dem

Liebeszauber aus dem Kochtopf

Ohne dass Ihr neuer Liebhaber es bemerkt, werden ihn die weißmagischen Rituale und Mittelchen dazu verleiten, Sie wieder sehen zu wollen.

Zucker und verrühren diesen mit dem heißen Zitronenwasser. Trinken Sie alles in einem kräftigen Zug aus.

🌀 Gerüstet für die ersehnte Liebesnacht

Stellen Sie sich vor, Sie treffen jemanden. Die Chemie stimmt, und die Situation ist eindeutig. Es soll allerdings kein One-Night-Stand werden, sondern der Beginn einer tieferen Beziehung. Es gibt ein paar kleine Hilfsmittelchen, um eine solche Entwicklung zu begünstigen. Dafür packen Sie folgende Dinge in Ihre Handtasche.

1 Einen roten Faden, in den Sie, während Sie schmusen, geschickt drei Knoten knüpfen. Bei jedem Knoten denken Sie an Ihr gemeinsames Glück.

2 Füllen Sie eine Medikamentenkapsel mit einer Mischung aus Ingwer-, Zimt- und Selleriepulver. Den Inhalt der Kapsel schütten Sie ihm in einem unbeobachteten Moment in sein Getränk (am besten in einen Cocktail, um die Geschmacksveränderung zu kaschieren).

3 Nehmen Sie immer einen Taschenspiegel mit. Halten Sie den Spiegel so, dass er voll darin zu sehen ist. Anschließend reiben Sie den Spiegel um sein

Bei einer unerwarteten Liebesnacht

Spiegelbild herum mit meinen Liebestropfen ein (siehe Seite 18) und packen ihn sofort wieder ein, ohne selbst noch einmal hineinzuschauen.

Legen Sie den Spiegel auf Ihren Altar. Wenn Sie Ihren Altar einrichten, bedenken Sie, dass er aus Stein oder Weidenholz bestehen und nach Osten hin ausgerichtet und mit einem gelben Tuch bedeckt sein sollte. Ein kleines Tischlein erfüllt aber auch den Zweck.

Es sollte jedoch so groß sein, dass auf seiner Platte folgende Gegenstände untergebracht werden können: Lorbeer- und Mistelzweige sowie gelbe oder orangefarbene Blumen, drei Kerzenständer mit weißen oder andersfarbigen Kerzen (keine schwarzen Kerzen, da diese alle Energien verstärken und sie ins Negative umkehren), Räucherbecken oder -schalen, die Hexenpyramide (sie symbolisiert die in einer Pyramide verborgene Kraft), Aromaschalen und zwei irdene Schüsseln (eine für Quell- oder Brunnenwasser, die andere für magische Erde).

> Jede Hexe, die sich der weißen Magie verschrieben hat, weiß um die Kräfte ihres Altars.

4 Lassen Sie sich eine Kleinigkeit von Ihrem Liebsten geben, z. B. ein Taschentuch oder etwas Handgeschriebenes. Dieses Kleinod legen Sie mit auf Ihren Altar.

Die hilfreiche Magie der Wochentage

Alle Rituale, Zeremonien, Reinigungen, Beschwörungen oder auch verzaubernden Kochkünste sollten an Wochentagen durchgeführt werden, die für die weißmagische Arbeit ein Höchstmaß an Wirkung entfalten. Nach alter Überlieferung und Wissen ist jedem Wochentag ein bestimmter Planet zugeordnet, der den Tag grundlegend beeinflusst.

Spezielle Einflüsse auf die Wochentage

Magie im Alltag

Unsere Vorfahren wussten, dass jeder Tag über ganz besondere Eigenschaften verfügt, die durch den Einfluss seines »Regenten« – das heißt des Planeten, der ihn regiert – bestimmt werden.
Beispielsweise vermied man am Dienstag jeden Streit, da dieser Tag von Mars, dem Kriegsgott, beeinflusst wird. Oder der Freitag stand ganz im Zeichen der Liebe, Romantik und Zärtlichkeit, da er von der altgermanischen Götting Freyja regiert wurde, deren Name »Liebende« bedeutet.

◎ Magie der Wochentage

Jedoch nicht nur Planeten prägen den Tag. Auch ganz bestimmte Düfte, Metalle, Farben und Edelsteine üben ihren Einfluss aus und helfen, die magischen Kräfte des Tages zu nutzen.

Montag – der Tag des Mondes
Der erste Wochentag wird auch als Tag des »Mena« (Mond) bezeichnet. Mondregierte Tage und Stunden sind besonders günstig für Liebe, Versöhnungen, Empfängnis und weibliche Fruchtbarkeit.

Die magischen Kräfte eines Wochentages werden durch vielerlei Faktoren bestimmt.

Magie der Wochentage

Düfte:	Iris, Maiglöckchen, Myrrhe, Schlüsselblume
Metall:	Silber
Farbe:	Grün
Edelstein:	Amazonit, Aquamarin, Mondstein, Rauchquarz, Smaragd

Dienstag – Tag des Mars

Er wird auch Tag des Tiu (von tues = dien) genannt. An diesem Tag können negative Bezauberungen und ungünstige Bedingungen unwirksam gemacht werden.
Dieser Wochentag eignet sich darüber hinaus besonders für Kraftrituale, Räucherungen und Reinigungen.

Der Dienstag sollte vornehmlich für die auf Seite 24 bis 29 beschriebenen Rituale reserviert werden.

Duft:	Aloe, Nelke
Metall:	Eisen
Farbe:	Rot
Edelstein:	Amethyst, Bergkristall, Howlith, Jaspis rot, Rubin

Mittwoch – Tag des Merkur

Er ist auch als Tag des »Wotan« bekannt. Ein guter Tag für Bezauberungen zur Eroberung eines Partners, für Geschäfte, Verträge, Gespräche, Bekenntnisse, Überzeugung des Partners und für Briefe.

Der Tag der Venus

Duft:	Eisenkraut, Lavendel, Maiglöckchen, Zimt
Metall:	Silber
Farbe:	Violett
Edelstein:	Aquamarin, Heliotrop, Lapradorit, Sprudelstein, Sugalith

Donnerstag – Tag des Jupiters

Manchmal wird der Tag des Jupiters auch als Tag des Donar (Sohn Wotans) gesehen. Er ist ein guter Wochentag für Rituale und Beschwörungen, für Glück, Zeugungskraft, Ehre, Vermögen, Wohlstand und auch für die Gesundheit.

Duft:	Levkoje, Moschus, Muskat
Metall:	Zinn
Farbe:	Blau
Edelstein:	Amethyst, Mondstein, Saphir, Türkis

> Durch körperliche Kraft besonders ausgezeichnet, fiel Donar die Aufgabe zu, die Welt der Götter und der Menschen gegen Riesen und Ungeheuer zu verteidigen. Er galt als helfender und schützender Gott.

Freitag – Tag der Venus

Als Tag der Liebesgöttin Freyja war er einst der traditionelle Hochzeitstag, denn das Wort »heitaten« kommt von »freien«. Venustage eignen sich besonders für Liebe, Schönheit, Romanzen, Glück und Reisen. Liebesrituale sollten an diesem Tag durchgeführt werden. Wählt man dazu ferner die passenden Stunden, können sich langjährige und äußerst glückliche Partnerschaften ergeben.

Duft:	Flieder, Myrte, Safran
Metall:	Kupfer
Farbe:	Gelb
Edelstein:	Achat, Diamant, Karneol, Lapislazuli

Samstag – Tag des Saturn

Im Hebräischen wird dieser Tag als Sabbath bezeichnet. Saturnregierte Tage und Stunden sind günstig für die Aufhebung und Brechung von bösem Zauber und psychischmagischen Attacken, zur Abwehr von Beschwörungen und für Trennungsrituale.

Duft:	Benzoe, Weihrauch
Metall:	Blei
Farbe:	Indigo
Edelstein:	Aquamarin, Aventurin, Citrin, Malachit, Saphir

Sonntag – Tag der Sonne

Er ist auch als Tag der »Sunna« (Sonne) bekannt. Die sonnenregierten Tage und Stunden eignen sich bestens für Rituale und

Früher war der Samstag, der auch als »Tag des Aufräumens« bezeichnet wird, der Lichtgestalt »Perchta« (Frau Holle) geweiht.

Der Tag der Sonne

magische Praktiken mit dem Ziel, Freunde oder auch die Gunst von hoch gestellten Persönlichkeiten zu gewinnen, oder Wohlstand, Ehre und Ansehen zu erlangen.

Duft:	Lavendel, Sonnenblume, Rose
Metall:	Gold
Farbe:	Orange
Edelstein:	Diamant, Rubin

Die Sonne spendet Licht und lässt alles auf der Erde gedeihen – ihr magischer Zauber hilft auch Ihnen.

Geheime Kräuter für Herzensdinge

Die Wunderkräfte der Natur sind unerschöpflich und können durch keine noch so bedeutende Erfindung des Menschen übertroffen werden. Das gilt insbesondere für die unzähligen Heilpflanzen und Kräuter. Hexen und »Kräuterweiber« wussten seit alters her um die geheimnisvollen Kräfte vieler Pflanzen und gaben ihr Wissen an die folgenden Generationen weiter.

Der Einfluss der Mondphasen, Tage und Stunden

Pflanzen mit Zauberkräften

Viele dieser Pflanzen wurden entdeckt, als man kranke Tiere beobachtete und feststellte, dass sie gewisse Kräuter bevorzugten, andere hingegen verschmähten. Auch manche kranken Menschen wurden von bestimmten Pflanzen instinktiv angezogen, und so lernte man die den Kräutern und Pflanzen innewohnenden Kräfte im Lauf der Zeit besser kennen.

🌀 Die Bedeutung der Wochentage

Heilpflanzen und Kräuter müssen zu bestimmten Tagen, Mondphasen und Stunden geerntet und angewendet werden, um ihre magische Wirkung voll entfalten zu können. Dabei kommt den Wochentagen eine ganz besondere Bedeutung zu, denn je nach dem Tag, der eine Pflanze regiert, behält die Pflanze ihre Zauberkraft und Heilwirkung – oder verliert sie.
Dabei werden die Sternzeichen und Planeten den verschiedenen Wochentagen zugeordnet, d.h., die Kräfte des Gestirns sind an diesem Tag besonders intensiv.
Je nach Planetenstand entfalten auch die Heilkräuter eine starke oder weniger starke

Heilpflanzen und Kräuter unterliegen in der Hexentradition magischen Gesetzen.

Geheime Kräfte der Kräuter

Heilwirkung. Die Sternkreiszeichen und Planeten verteilen sich wie folgt auf die Wochentage:

So verteilen sich die Planeten und die Sternzeichen auf die einzelnen Wochentage.

Sonntag	Sonne	Löwe
Montag	Mond	Krebs
Dienstag	Mars	Widder/Skorpion
Mittwoch	Merkur	Zwillinge/Jungfrau
Donnerstag	Jupiter	Schütze/Fische
Freitag	Venus	Stier/Waage
Samstag	Saturn	Steinbock/Wassermann

◎ Planeten und Pflanzen

An Wochentagen, die einem bestimmten Planeten zugeordnet sind, der wiederum eine bestimmte Pflanze regiert, entfaltet diese Pflanze besonders ausgeprägte Heilwirkungen.

Den Planeten sind nun folgende Pflanzen zugeordnet:

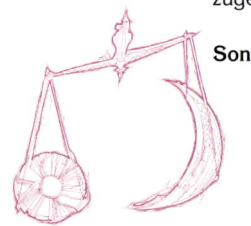

Sonne Eibisch, Eisenkraut, Enzian, Granatapfel, Johanniskraut, Lavendel, Lorbeer, Majoran, Myrrhe, Ringelblume, Rosmarin, Sonnenblume und Thymian.

Die Wirkung der Planeten

Mond	Kamille, Kresse, Linde und Mohn sowie natürlich das gleichnamige Mondkraut.
Mars	Brennnessel, Distel, Eisenhut, Hahnenfuß, Knoblauch, Lauch, Mispel, Senf, Wegerich, weiße Nieswurz, Wolfsmilch und Zwiebel.
Merkur	Akelei, Anis, Ehrenpreis, Fünffingerkraut, Holunder, Huflattich, Lungenkraut und Wacholder.
Jupiter	Birnbaum, Buchs, Erdbeere, Erdraute, Esche, Feigenbaum, Haselstrauch, Kirschbaum, Lilie, Mandelbaum, Olivenbaum, Rhabarber, Süßholz, Weinstock und darüber hinaus auch noch Weizen.
Venus	Fette Henne, Frauenhaar, Knabenkraut, Narzisse, Petersilie, Rose, Sandelkraut, Steinklee, Veilchenwurzel und auch Wasserlilie.
Saturn	Bilsenkraut, Flachs, Goldwurz, Hanf, Hauswurz, Hirtentäschchen, Kümmel, Moose, Nachtschatten, Opium, Schierling und Sennesblätter.

> Spezielle Heilkräuter entwickeln an von bestimmten Planeten regierten Tagen ihre Heilkraft in ganz besonderem Maß.

Geheime Kräfte der Kräuter

◎ So werden die magischen Kräuter gesammelt

Beim Kräutersammeln sollte man sich nicht nur nach dem richtigen Wochentag richten, sondern auch nach den Mondphasen. Sammeln Sie daher zur Entwicklung der größten Kraft:

Auch die verschiedenen Mondphasen beim Sammeln haben einen Einfluss auf die Heilwirkung der Pflanzen.

bei Vollmond	Thymian, Bärlapp, Lavendel und Basilikum
bei abnehmendem Mond	alle Pflanzen- und Baumwurzeln
bei zunehmendem Mond	Pflanzen, deren Früchte, Blüten, Stängel oder Blätter für magische Zwecke benötigt werden

Die magischen Stunden entnehmen Sie der auf Seite 77 stehenden Stundentabelle mit Wochentag (WT) und den Regenten (Reg.). Vergessen Sie nicht: Während der Sommerzeit muss in unseren Breiten grundsätzlich immer eine Stunde hinzugerechnet werden.

Die verschiedenen Mondphasen

Warum die Mondphasen wichtig sind

In der Nacht entwickelt der Mond, die »Große Göttin« beziehungsweise die »Große Mutter«, die größte Kraft.
Es ist dies die magische Kraft »sila«, die es weisen Frauen und Hexen ermöglicht, zum Wohle der Menschen zu wirken.
Der Mond verstärkt psychische und magische Energien, transformiert Gedanken und Wünsche und nimmt auf, was ihm demütig und flehentlich dargebracht wird.
Die einzelnen Mondphasen sind sehr wichtig und müssen genau betrachtet werden, da sie entweder Kräfte verstärken oder aber schwächen und sogar blockieren können.

◎ Zunehmender Mond

Der zunehmende Mond fördert alles, was in Seele und Geist der Menschen schlummert und einen Weg nach außen sucht. Er hilft bei allem, was wachsen und gedeihen soll. Alles, was man sich in dieser Mondphase aufrichtigen und ehrlichen Herzens vornimmt, wird sich positiv verwirklichen.
Bitten um Gesundheit, Wohlstand, Glück und vor allem Liebe werden erhört.

> Zunehmender Mond und vor allem Vollmond sind die beiden besten Mondphasen für alle Arten von magischen Ritualen.

Geheime Kräfte der Kräuter

🌀 Vollmond

Der die Nacht durchdringende, alles erhellende Vollmond verleiht die Kraft, selbst schwierigste Vorhaben in die Tat umzusetzen. Er fördert die Durchsetzungskraft und lässt alles in klarem Licht erscheinen. Es ist die Zeit großer psychischer Spannung – die magischen Energien sind jetzt am ausgeprägtesten. Rituale und Zeremonien müssen in dieser Phase sehr verantwortungsbewusst und von einem positiven Geist beseelt vollzogen werden.

> Abnehmender Mond und Neumond sind gekennzeichnet von schwindenden Energien bis hin zur Umkehrung der Kräfte.

🌀 Abnehmender Mond

Bei abnehmendem Mond vermindern sich die seelischen, geistigen und körperlichen Kräfte, die Intuition verliert an Intensität. In dieser Mondphase sollte man sich zurücknehmen, keine Forderungen stellen, sondern eher abwarten, bis eine günstigere Mondphase kommt.

🌀 Neumond

Die Neumondphase (ca. 2 1/2 Tage) sollte für große Rituale und intensive Beschwörungen tabu sein.

Stundentabelle zum Kräutersammeln

WT Reg. Uhrzeit	So Sonne	Mo Mond	Di Mars	Mi Merkur	Do Jupiter	Fr Venus	Sa Saturn
0-1	Saturn	Sonne	Mond	Mars	Merkur	Jupiter	Venus
1-2	Jupiter	Venus	Saturn	Sonne	Mond	Mars	Merkur
2-3	Mars	Merkur	Jupiter	Venus	Saturn	Sonne	Mond
3-4	Sonne	Mond	Mars	Merkur	Jupiter	Venus	Saturn
4-5	Venus	Saturn	Sonne	Mond	Mars	Merkur	Jupiter
5-6	Merkur	Jupiter	Venus	Saturn	Sonne	Mond	Mars
6-7	Mond	Mars	Merkur	Jupiter	Venus	Saturn	Sonne
7-8	Saturn	Sonne	Mond	Mars	Merkur	Jupiter	Venus
8-9	Jupiter	Venus	Saturn	Sonne	Mond	Mars	Merkur
9-10	Mars	Merkur	Jupiter	Venus	Saturn	Sonne	Mond
10-11	Sonne	Mond	Mars	Merkur	Jupiter	Venus	Saturn
11-12	Venus	Saturn	Sonne	Mond	Mars	Merkur	Jupiter
12-13	Merkur	Jupiter	Venus	Saturn	Sonne	Mond	Mars
13-14	Mond	Mars	Merkur	Jupiter	Venus	Saturn	Sonne
14-15	Saturn	Sonne	Mond	Mars	Merkur	Jupiter	Venus
15-16	Jupiter	Venus	Saturn	Sonne	Mond	Mars	Merkur
16-17	Mars	Merkur	Jupiter	Venus	Saturn	Sonne	Mond
17-18	Sonne	Mond	Mars	Merkur	Jupiter	Venus	Saturn
18-19	Venus	Saturn	Sonne	Mond	Mars	Merkur	Jupiter
19-20	Merkur	Jupiter	Venus	Saturn	Sonne	Mond	Mars
20-21	Sonne	Mond	Mars	Merkur	Jupiter	Venus	Saturn
21-22	Venus	Saturn	Sonne	Mond	Mars	Merkur	Jupiter
22-23	Merkur	Jupiter	Venus	Saturn	Sonne	Mond	Mars
23-24	Mond	Mars	Merkur	Jupiter	Venus	Saturn	Sonne

Geheime Kräfte der Kräuter

Das richtige Kraut für jeden Zweck

Nach uralter Überlieferung werden die Zauberpflanzen in verschiedene Gruppen eingeteilt – je nachdem, für welchen magischen Dienst sie sich besonders eignen. Die Skala reicht dabei von Glücks- und Liebespflanzen über Amulett-, Berufs- und Wetterkräutern bis hin zu Helfkräutern und -pflanzen.

◉ Glücks- und Liebespflanzen

Wie der Name schon sagt, verhelfen diese Pflanzen zu Liebesfreunden, Glück, Ehre und Reichtum. Besonders bewährt haben sich in diesem Zusammenhang: Anis, Apfelbaum, Efeu, Johanniskraut, Lavendel, Liebstöckel, Lindenblüten, Melisse, Pfirsichbaum, Quitte, Ringelblume, Rose, Sellerie, Sonnenblume, Weinrebe, Wermut, Zwiebel.

Wer sich gegen den bösen Blick oder andere unheilbringende schwarzmagische Kräfte schützen will, sollte ein Amulett mit einem entsprechenden Kraut tragen.

◉ Amulettkräuter

Sie schützen vor bösen Kräften und Gedanken und werden an verschiedenen Körperteilen getragen. Hierzu zählen: Beifuß, Holunder, Mondraute, Odermenning, Petersilie, Rosmarin, Wacholder, Weide und Wermut.

Spezielle Pflanzen und ihre Wirkung

◉ Berufskräuter

Sie schützen vor schwarzmagischen Angriffen und dem bösen Blick. Man zählt folgende Pflanzen dazu: Brennnessel, Eisenkraut, Erle, Johanniskraut, Haselnuss, Heidekraut, Klette, Knoblauch, Königskerze, Mistel, Pappel, Salbei, Wacholder und Wermut.

◉ Wetterkräuter

Sie sollen nach alter Überlieferung Blitz, Hagel, Hochwasser und Sturm bannen sowie Wetterfühligkeit und körperliche Wetterbeschwerden lindern. Bewährt haben sich: Arnika, Eberesche, Farnkraut, Hauswurz und Weide.

◉ Helf- und Heilkräuter

Diese Kräuter fördern magische Fähigkeiten wie das Hellsehen und aktivieren den Geist. Folgende Pflanzen gehören dazu: Arnika, Baldrian, Beifuß, Birke, Borretsch, Brennnessel, Dill, Distel, Erdbeere, Fenchel, Flieder, Gänseblümchen, Ginster, Hafer, Holunder, Kamille, Kornblume, Lorbeer, Löwenzahn, Melisse, Pfefferminze, Rosmarin, Salbei, Schafgabe, Veilchen und Zwiebel.

> Einige Kräuter bieten auch Schutz vor dem Wetter oder vor Wetterfühligkeit.

Betörende Düfte für die Liebe

Öle, Duftstoffe und Räucherwerk gelten seit alters her als Träger magischer Kräfte. Ihr edles Aroma vertrieb die zumeist übel riechenden bösen Geister oder hielt sie von den Menschen fern, denn Wohlgerüche galten stets als Atem der Götter. Im Lauf der Zeit benutzte man die aromatischen Ingredienzen auch als Aphrodisiakum.

Verzaubernde Wohlgerüche

Der Atem der Götter

Öle und Düfte wurden auch schon früh für erotische Bäder und für die Körperpflege eingesetzt. Räucherwerk hingegen ist ein wichtiges Hilfsmittel bei medialen Sitzungen oder Meditationen: Es kann unruhige Spannungen auflösen und die innere Harmonie wieder herstellen.

Räuchern ist, wie überhaupt das Verbrennen von Gegenständen oder Dingen, eine reinigende Handlung. Mit dem aufsteigenden Rauch verbinden sich unsere Gedanken, Wünsche und Hoffnungen und werden von ihm zu unseren geistigen Helfern emporgetragen.

Düfte ziehen seit jeher die Menschen an – beflügeln sie doch Körper und Seele.

Magische Öle und Düfte

Der unerschöpfliche Schatzgarten von Mutter Natur bietet uns viele Zauber-, Heil- und Hilfsmittel für Gesundheit, Glück, Wohlstand, Schutz vor Geistern, Dämonen, Flüchen und Beschwörungen. Sie können ebenso aber auch Mittler sein, um Liebe zu erringen, bestehende Liebe zu vertiefen, sich Klarheit über Gefühle zu verschaffen oder um die geistige Innenschau des Einzelnen zu erweitern.

Betörende Düfte

Öle entfalten Ihre Wirkung, wenn man sie auf die Haut oder magische Gegenstände aufträgt. Verwenden Sie immer nur wenige Tropfen Ihres kostbaren Öls – mehr verstärkt die Wirkung nicht, sondern kann sie sogar zunichte machen.

Ihr Partner beispielsweise wird Sie wahrscheinlich nicht erotisch anziehender finden, wenn Sie jede Stelle Ihres Körpers mit einem intensiv riechenden Öl eingerieben haben!

Setzen Sie die verschiedenen Öle ganz gezielt ein. Wie, verrät Ihnen die nachfolgende Auflistung der Wirklungsbereiche der unterschiedlichen Öle. Im Einzelnen können Sie sie einsetzen für:

Verlassen Sie sich bei der Wahl des für Sie richtigen Öls auf Ihre Nase: Wenn Sie ein Öl nicht riechen mögen, dann ist es für Sie auch nicht das richtige.

Angst, Mutlosigkeit: Bergamotte, Lavendel, Melisse und Tymian
Energie: Fichtennadel, Geranium, Kalmus und Krausminze
Liebesglück: Bohnenkraut, Jasmin, Karom, Rosenöl und Rosmarin
Nervosität: Anis, Baldrian, Eisenkraut, Hyazinthe und Rosmarin
Schlaflosigkeit: Basilikum, Dill, Kamille, Lavendel und Rose
Meditation: Myrrhe, Orange, Sandelholz, Schafgarbe und Weihrauch

Betörende Düfte zaubern

Stellen Sie Ihre Öle selbst her!

Nehmen Sie sich etwas Zeit und Muße und denken Sie intensiv an Ihren Partner, wenn Sie diese Mischungen herstellen. Sie werden garantiert wirken, wie ich aus meiner langjährigen Erfahrung nur bestätigen kann.

Öle sind nicht unbegrenzt haltbar. Sollte Ihr Öl nach einer Zeit ranzig riechen, werfen Sie es weg. Es hat seine Wirkung bereits verloren.

Evas Atem – ein hochverführerisches Parfümöl

Mit dieser Mixtur kann Ihnen eigentlich kaum ein Mann widerstehen. Probieren Sie dieses Parfümöl ruhig einmal aus!

Sie benötigen
250 ccm geruchsfreien denaturierten Alkohol
40 Tropfen Orangenblütenöl
17 Tropfen Zitronenöl
7 Tropfen Bergamotteöl
7 Tropfen Rosmarinöl

So bereiten Sie das Öl zu
1 Mischen Sie die Zutaten unter ständigem Rühren und füllen Sie die Mischung in eine dunkle Glasflasche ab.
2 Nach 1 Woche geben Sie die Mixtur in Glasfläschchen.

Betörende Düfte

🌀 Schmuseöl

Diese Ölmischung basiert auf Olive und Mandel – eine Mischung, die die Haut besonders geschmeidig werden und äußerst wohlduftend riechen lässt.

Sie benötigen
125 ccm Olivenöl bester Qualität
30 ccm Mandelöl

So bereiten Sie das Öl zu
1 Vermengen Sie die Öle etwa 10 Minuten lang, füllen Sie die Mischung dann in eine dunkle Glasflasche und lassen Sie das Ganze 1 Woche lang stehen.
2 Tragen Sie das Öl nach jedem Vollbad sparsam mit kreisenden Bewegungen auf.

Ihr Partner wird Ihre so behandelte Haut mit Sicherheit nicht unbeachtet lassen!

🌀 Orientalischer Zauber

Verführerisch wie der Orient duften Sie, wenn Sie diese Ölmischung auftragen.

Sie benötigen
5 ml Zitronenöl
5 ml Patschuliöl
etwas Alkohol
1 Gartenraute

Räucherwerk für die Liebe

So bereiten Sie die Ölmischung zu
1 Mischen Sie die Öle miteinander, und geben Sie 6 Teile Akohol sowie die Gartenrauke hinzu.
2 Bewahren Sie diese Mixtur 1 Woche lang an einem dunklen Ort auf, und füllen Sie sie dann in einen kleinen Flakon. Dieser orientalische Zauber wirkt wahre Wunder!

◎ Anregendes und erotisches Räucherwerk

Aber auch mit Räucherwerk lässt sich die gewünschte Wirkung in Herzensangelegenheiten erzielen, wenn Sie die nachfolgende Duftmischung anwenden, die Sie für Ihre Räucherschale ganz einfach selbst herstellen können.

Räucherwerk ist in vielen Kulturen der Welt bekannt. Meistens wird es zur Läuterung bei kultischen Handlungen eingesetzt.

Sie benötigen
3 g Weihrauch
5 g Myrrhe
3 Patschuliblätter

So bereiten Sie Räucherwerk zu
Vermischen Sie vorsichtig die Zutaten miteinander und achten Sie darauf, dass die einzelnen Blätter möglichst nicht beschädigt werden.

Verführerische Edelsteine und Kristalle

Die magische Zauberkraft und Wirkung von Edelsteinen, Kristallen und auch von Metallen ist unbestritten. In der Magie nehmen sie als Träger feinstofflicher kosmischer Kräfte, als Konzentrationsverstärker, Glücksbringer, Amulette und Talismane eine wichtige Funktion ein. Es gibt aber auch Heilsteine, die bei vielerlei Beschwerden Linderung bringen.

Kraft und Wirkung von Steinen

Geheime Kräfte aus der Natur

So wie es viele Heilpflanzen in der Natur gibt, die seit Jahrhunderten von weisen Frauen genutzt werden, gibt es auch Heilsteine, die bei zahlreichen körperlichen und psychischen Beschwerden helfen können. Ein Versuch lohnt sich immer, um wieder zu innerer Ausgeglichenheit dank geheilter Beschwerden zu kommen!
Edelsteine gibt es in drei verschiedenen Formen: Rohsteine sind, wie der Name schon sagt, naturbelassen und unbehandelt. Trommelsteine hingegen wurden mit Wasser und feinem Sand in einer Trommel etwas geschliffen – sie eignen sich besonders zum Auflegen oder auch als so genannte »Handschmeichler«. Die drittte Form der Edelsteine, die Schmucksteine, werden geschliffen und anschließend für Ketten, Armbänder oder Ringe verwendet.
Nachstehend möchte ich Ihnen einige Edelsteine und Kristalle aufzeigen und Sie in Ihre Eigenschaften, Kräfte und Wirkungen einweisen. Es sind Steine, mit denen ich selbst vorwiegend praktiziere, mit denen ich also gute Erfahrungen gemacht habe.

Die heilige Hildegard von Bingen, die im 12. Jahrhundert lebte, wusste um die heilende Kraft der Edelsteine.

Verführerische Steine

🌀 Amazonit

Dieser Stein hilft bei Rücken- und Nackenschmerzen und löst ferner traurige Stimmungen und Depressionen auf.

🌀 Amethyst

Der Amethyst zieht Liebe, Glück und auch Freundschaft an.

Der Amethyst ist ein Heilmittel gegen Trunkenheit. Er unterstützt die Genesung bei Kopfschmerzen, Migräne sowie auch Verspannungen durch Stress.
Des Weiteren stärkt der Amethyst Drüsen und Hormone, regt den Stoffwechsel an und bewahrt auf natürliche Weise vor Phasen der Schlaflosigkeit und der inneren Unruhe.

🌀 Aquamarin

Dieser Edelstein macht froh und reich, hilft in Liebesangelegenheiten und beschützt ferner die Unschuld.
Er wird erfolgreich eingesetzt bei Bronchitis, Lungenbeschwerden, Hals-, Kehlkopf- und Stimmbandproblemen.
Der Aquamarin stärkt die Nerven, das Immunsystem und die Thymusdrüse und ist erfahrungsgemäß gut bei Allergien und tränenden Augen.

Schutzstein Gogal (Jett)

🌀 Aventurin

Er lindert Hautunreinheiten. Durch seine sanfte Schwingung kann er im Herzbereich, aber auch für das Nevensystem eingesetzt werden.

🌀 Bergkristall

Der Bergkristall hält Negatives ab und hilft, Gelerntes besser zu behalten. Er beeinflusst das Dritte Auge und kann Energie speichern und konzentrieren.
Er wird daneben auch sehr erfolgreich bei Schilddrüsenerkrankungen und bei Augenleiden sowie bei Problemen mit dem Rücken verwandt.

In der Kombination mit Bernstein gilt der Bergkristall in der Magie als der absolute Schutzstein.

🌀 Citrin

Dieser Stein hilft bei Depressionen und bei düsteren Gedanken, die Sie eventuell heimsuchen.

🌀 Gogal (Jett)

Er ist ein Schutztalisman besonderer Art. Er wirkt bei Schmerzen in Gelenken, bei Arthritis, Rheuma und deren vielfältigen und

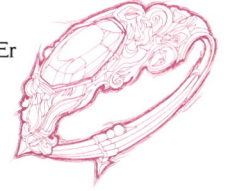

Verführerische Steine

unangenehmen Begleiterscheinungen, aber auch bei Atemwegsproblemen und Bronchitis. Darüber hinaus hilft er aber auch bei verlustbedingter Trauerarbeit und macht nachhaltig Mut, über diese schwere Zeit hinwegzukommen.

Der Heliothrop ist der Schutzstein der Reisenden.

Heliotrop

Der Heliotrop bewahrt vor Unfällen, stärkt den Intellekt und schützt vor Alpträumen. Er lindert Herzbeschwerden und Unterleibsprobleme und ist hilfreich bei Meditationen.

Howlith

Er wirkt wie ein Magnet auf den Körper. Er hilft, den Körper von überschüssiger Flüssigkeit (z. B. Wasser) zu befreien und unterstützt Diäten. Des Weiteren ist er in der Lage, jähzornig veranlagte und aufbrausende Menschen zu besänftigen.

Jaspis (rot)

Der rote Jaspis wird auch als »Mutter der Steine« bezeichnet. Verleiht er doch immerhin Weisheit, elementare Kraft und daneben auch geduldige Liebe.

Himmlischer Lapislazuli

Mit dem Jaspis können des Weiteren auch leichte Blutungen aus der Nase und aus Schnittwunden gestillt werden.
Auf das Wurzelchakra gelegt, wirkt der rote Jaspis schützend und vitalisierend, und gibt der Person verlorene Lebensenergie wieder zurück.
Eine besondere positive Wirkung hat er aber auch auf die Leber, die Gallenblase und auf die Haut.

Der Karneol ist ein sehr zauberkräftiger Talisman.

Karneol

Der Karneol ist durchweg ideal bei Beschwerden im Unterleib und hilft darüber hinaus, Giftstoffe in unserem Körper besser auszuscheiden.
Er entlastet ferner Nieren-, Leber- und Gallenbereich und unterstützt zusätzlich den Darm und die Verdauung.

Lapislazuli

Der Lapislazuli wird auch als der »Stein des Himmels« bezeichnet. Er erzeugt Harmonie, verschafft gute Freunde, flößt neuen Lebensmut und nachhaltige Lebensfreude ein und zieht machtvolle und hochentwickelte Geister an.

Verführerische Steine

Er wirkt beruhigend, krampflösend sowie auch fiebersenkend und hilft bei Hautausschlägen und Insektenstichen.

🌀 Lapradorit

Dieser Stein regt unser menschliches Selbstheilungszentrum an und aktiviert das Muskelsystem.
Er unterstützt den Kreislauf und ist gut gegen rheumatische Beschwerden.

Der Lapradorit ist der stärkste Stein zum Aktivieren der Handchakra und fördert die Erinnerung und das Gedächtnis.

🌀 Malachit

Er verschafft uns Klarheit über uns selbst, lehrt uns, Eigenverantwortung für unser Tun und unser Leben zu entwickeln und zu übernehmen und befreit das Unterbewusstsein von Ängsten.
Auch Magenleiden werden von ihm günstig beeinflusst.

🌀 Rauchquarz

Dieser Stein wirkt auf den Unterleib und die Geschlechtsorgane.
Er steigert die Fruchtbarkeit und stärkt darüber hinaus auch noch das Herz und die Nieren.

Magischer und kraftvoller Saphir

🌀 Rosenquarz

Er stärkt Herz, Kreislauf und Blutgefäße. Bei Frauen hat er einen wohltuenden Einfluss auf die Eierstöcke, bei Männern auf die Hoden – er verhilft zur Fruchtbarkeit und wirkt Geschlechtskrankheiten entgegen. Daneben trägt er zur Heilung offener Wunden bei und unterstützt die Blutreinigung im Körper.

🌀 Rubin

Der Rubin ist das Zentrum magischer Energie, erzeugt anhaltende Freude und schützt vor Unannehmlichkeiten. Er unterstützt die Liebe und fördert die Leidenschaft. Des Weiteren hilft der Rubin bei Schwächeanfällen, nimmt die Lethargie und stärkt darüber hinaus die Sehkraft des Menschen.

> Der Rubin gilt als Stein der Macht, der Redlichkeit und des Muts sowie als Symbol der Klugheit und des Fleißes.

🌀 Saphir

Er ist der Stein der Magie und der Kraft. Er strahlt Sanftheit und Frieden aus, bringt Gerechtigkeit mit sich und rückt die Wahrheit ins rechte Licht.
Seine Wirkung regeneriert Haut, Haare und Finger- wie Fußnägel und mindert den

Verführerische Steine

Haarausfall. Er ist gut bei Nervosität, übermäßigem Schwitzen und bei Gemütserkrankungen.

◎ Sprudelstein

Der Sprudelstein – er ist auch unter der Bezeichnung Rhodochrosit bekannt – stärkt nachhaltig das Selbstbewusstsein, fördert daneben die Kreativität, unterstützt das schöpferische Denken und hilft auch gegen Alpträume.

> Der Türkis schützt vor dem »bösen Blick«, bringt Liebe und Mut und reduziert körperliche und geistige Spannungen.

◎ Sugalith

Dieser Stein regt bestens den Energiefluss des Körpers an und hilft das Sprachzentrum zu aktivieren.
Der Sugalith wirkt ferner reinigend auf Drüsen, Galle und Leber.

◎ Türkis

Dieser Edelstein ist gut bei mangelnder oder gestörter Funktion der Leber. Er stärkt auch die Augen, lindert Halsentzündungen und beseitigt kleinere Beschwerden an den Atemwegen. Er hilft bei Depressionen und kräftigt zudem auch das Herz.

Die Pflege der Steine

Darüber hinaus vermehrt er die Durchblutung des Muskelgewebes, insbesondere bei Bänder- und Sehnenrissen.

◎ Zum Umgang mit Edelsteinen

Alle Steine müssen auch von Zeit zu Zeit gereinigt und erneut mit positiven Schwingungen aufgeladen werden.
Spülen Sie deshalb Ihren Stein oder Ihre Steine, sofern Sie gleich mehrere für die unterschiedlichsten Wirkungen besitzen, unter fließendem Wasser etwa zehn Minuten gründlich ab. Anschließend laden Sie den Stein energetisch wieder in einer Bergkristallgruppe auf. Sollten Sie keine Bergkristalle besitzen – was sicherlich des Öfteren der Fall ist –, dann reicht es durchaus auch, wenn Sie Ihren unter Wasser gereinigten Stein etwas länger in die Sonne legen, so dass er sich auf diese Weise wieder ausreichend mit Energie aufladen kann.

> Bei Zerspringen oder Zerbrechen des Steins sollten Sie ihn Mutter Erde wieder zurückgeben, denn schließlich hat er seine ganze Kraft für Sie hergegeben.

Befragen Sie die Zukunft nach Ihrem Liebesglück

Orakel sind so alt wie die Menschheit selbst. Sie bieten die Möglichkeit, die verschlungenen Wege der Zukunft zu enträtseln und den Schleier des Verborgenen zu lüften. Mit den verschiedenen Formen der Zukunftsschau haben Sie die Chance, die scheinbar undurchsichtigen Zusammenhänge unserer Welt adäquat zu erkennen.

Bringt die Zukunft die Liebe?

Magische Orakel

Wenn Sie in einer Situation Hilfe brauchen, können Sie das Orakel befragen. Es gibt verschiedene Orakel, die Sie entsprechend den Themen, die Sie gerade beschäftigen, aussuchen können und die ich Ihnen nachfolgend vorstellen möchte.

◉ Johanniskraut

Dieses Kraut gilt seit alten Zeiten als Liebeskraut. Es befreit von angehexter Liebe und führt zu echter Liebe.

Der Begriff Orakel stammt von dem lateinischen »oraculum« ab, das »die Weissagung« bedeutet.

Sie benötigen
1 Bund frisches Johanniskraut
1 weißes Taschentuch

So befragen Sie das Orakel
1 Wenn Sie heiraten möchten, zerdrücken Sie seine Blütenknospen kräftig in dem Taschentuch und achten darauf, ob rötlicher oder farbloser Saft austritt.
2 Färbt sich das Taschentuch anschließend rot, sprechen Sie:

> *Kommt rotes Blut,*
> *ist die Liebe gut.*

Zukunftsschau

Ist der Saft farblos, spricht man:

Ohne Rot bleibt die Liebe tot!

Besonders aussagekräftig ist das Johanniskraut, wenn es am Johannistag (24. Juni) gesammelt und befragt wird.

◎ Greifen Sie nach Ihrer Zukunft!

Wenn Sie wissen wollen, ob Sie in naher Zukunft den Partner fürs Leben kennen lernen oder bald heiraten, dann wenden Sie das folgende Orakel an.

Ein aussagekräftiges Orakel in Herzensangelegenheiten ist das Schalenorakel.

Sie benötigen
3 Schälchen
1 Ring
1 Blume

So befragen Sie das Orakel
1 Stellen Sie drei Schälchen nebeneinander vor sich hin: Das erste Schälchen ist mit Wasser gefüllt. In das zweite Schälchen legen Sie einen Ring und in das dritte Ihre Lieblingsblume. Während Sie sich die Augen absolut dicht verbinden lassen, verändert eine andere Person die Anordnung der Schälchen.

Neun Tassen verraten Ihr Liebesglück

2 Strecken Sie nun die Hand nach einem der Schälchen aus: Greifen Sie dabei ins Wasser, haben Sie eine schwierige, tränenreiche Zeit vor sich. Bekommen Sie hingegen den Ring zu fassen, werden Sie in absehbarer Zeit den Partner fürs Leben kennen lernen oder – wenn Sie ihn schon gefunden haben – heiraten. Die Blume verheißt Ihnen viel Freude und heitere Tage.

Das Tassenorakel

Diese Orakel verrät Ihnen alles über Liebe, Glück, Erfolg und Schicksal. Es ist ein Orakel, das vornehmlich in Vollmondnächten oder bei zunehmendem Mond befragt werden sollte.
Auch der Silvesterabend ist für diese Zukunftsschau gut geeignet.

Sie benötigen
9 Tassen
1 Ring
1 Geldmünze
1 Schlüssel
etwas Asche
1 Stück Brot
1 Prise Salz

Das Tassenorakel ist ein sehr altes Orakel, das die Hexen schon im Mittelalter ausübten.

Zukunftsschau

Die erste Tasse verrät Ihnen die Tendenz der Zukunft, die zweite Tasse steht für den aktuellen Monat, die dritte Tasse für den zweiten folgenden Monat usw.

1 Prise Zucker
1 Stück Kohle
1 vierblättriges Kleeblatt

So befragen Sie das Orakel

1 Legen Sie die neun Tassen mit der Innenseite nach unten auf den Tisch, so dass die Tassen in Rautenform vor Ihnen stehen, d. h. in der oberen Reihe eine Tasse, in der zweiten Reihe versetzt zwei und in der dritten drei Tassen, dann wieder abnehmen.

2 Unter jeder der Tassen versteckt eine andere Person jeweils einen der neun Orakelgegenstände. Die das Orakel befragende Person ist währenddessen nicht im Raum.

3 Nachdem alles versteckt ist, wird der Befrager in den Raum gebeten und muss nun die Tassen in folgender Reihenfolge aufheben: Er beginnt mit der obersten Tasse, geht dann zur linken Tasse der zweiten Reihe, hebt anschließend die rechte Tasse der zweiten Reihe hoch etc. Auch in den folgenden Tassenreihen wird immer jeweils von links nach rechts aufgedeckt.

4 Das Symbol, das unter der ersten Tasse liegt, gibt Auskunft über die Tendenz der

Der Sand gibt Auskunft

Zukunft. Deckt eine Person als Erstes das Kleeblatt auf, kann sie aufhören und das Orakel einer anderen Person übergeben, da ihre Zukunft mit Sicherheit nur von Glück bestimmt wird.

Und so sind die Orakelgegenstände im Einzelnen zu deuten:

Ring	Heirat, Verlobung, liebevolle Partnerschaft
Geldmünze	Glück, Erfolg, Karriere, Gewinne
Schlüssel	Ein Erbe steht in nicht allzu ferner Zukunft an
Asche	Unglück, Pech, schlechte Zeiten
Brot	Das Leben ist gesichert, Not wird von Ihnen fernbleiben
Salz	Nach einer kurzen schwierigen Phase geht es wieder aufwärts
Zucker	Sieben Jahre ohne Probleme liegen vor Ihnen
Kohle	Achten Sie auf Ihre Gesundheit, vermeiden Sie zu große Risiken
Kleeblatt	Glück und Segen

Alle Gegenstände unter den Tassen weisen Ihnen Ihren Weg in die Zukunft.

Zukunftsschau

◎ Das traditionelle Erdorakel

Der Überlieferung nach muss das Erdorakel stets im Freien und bei Tageslicht befragt werden. Je höher die Sonne steht, umso zuverlässiger antwortet es.

Sie benötigen
etwas weißen, trockenen Sand
1 Holzstäbchen
1 kleinen Stein aus Ihrer Steinesammlung

> Wenn Sie noch keinen Lieblingsstein haben, wählen Sie für dieses Orakel einen Edelstein, der Sie intuitiv anspricht.

So befragen Sie das Orakel

1 Suchen Sie Ihren Lieblingsplatz auf, und schütten Sie dort den Sand auf die Erde. Glätten Sie ihn mit der rechten Hand, und konzentrieren Sie sich dabei auf die Frage, die Sie an das Orakel haben.

2 Zeichnen Sie nun mit dem Holzstäbchen einen Kreis in den Sand, und teilen Sie diesen in vier gleich große Felder auf.

3 In die Felder schreiben Sie die Worte: Ja – Später – Niemals – Vielleicht. Beginnen Sie mit dem linken oberen Feld, und fahren Sie im Uhrzeigersinn fort. Der Kreis darf nicht mehr berührt werden.

4 Konzentrieren Sie sich auf Ihre Frage, schließen Sie die Augen und werfen Sie den Stein in den Kreis.

Keine negativen Energien zulassen

5 Sehen Sie nach, in welchem Feld er gelandet ist. Je genauer der Stein im Zentrum beispielsweise des Ja-Feldes liegt, desto präziser ist die Beantwortung, und umso rascher wird sich Ihr Wunsch erfüllen. Befindet sich der Stein am äußeren Rand im Niemals-Feld, besteht nur wenig Hoffnung. Fällt er auf eine Trennlinie zwischen zwei Feldern, haben Sie noch einen weiteren Versuch frei.
Landet das Steinchen im Zentrum des Erdkreises, wird Ihr Wunsch sich auf jeden Fall erfüllen.
Wollen Sie das Orakel ein zweites Mal befragen, glätten Sie den Sand und wiederholen das Ritual noch einmal.

Werfen Sie neben den Kreis, dürfen Sie das Erdorakel erst in drei Tagen erneut befragen. Damit gibt Ihnen das Orakel zu verstehen, dass Ihre Zeit noch nicht gekommen ist.

◎ Den Stein reinigen

Bevor Sie einen Ihrer ganz persönlichen Steine für ein magisches Ritual verwenden können, sollten Sie ihn unbedingt von negativen Energien reinigen. Das geschieht am besten unter kaltem fließendem Wasser, dem Sie – wenn Ihr Stein das verträgt – eine Prise Meersalz hinzugeben.
Legen Sie den Stein anschließend zum Trocknen in die Sonne, um ihn wieder mit feinstofflichen Energien aufzuladen.

Gesundheit ist das A&O für Ihr Verhalten

Gesundheit ist die Grundvoraussetzung für jedweden Erfolg – auch in der Liebe. Denn wenn es uns gesundheitlich schlecht geht, gelingt uns meist auch nichts anderes mehr – sei es nun im beruflichen oder im privaten Bereich. Das eigene Wohlbefinden steht im Mittelpunkt und beeinflusst in großem Maß unsere Handlungen und unser Verhalten.

Basis für die Liebe – die Gesundheit

Rituale für die Gesundheit

Die Rituale, die ich Ihnen hier vorstellen möchte, dienen der Erhaltung der Gesundheit, der Behebung kleinerer Beschwerden und der Unterstützung bei schlimmeren Krankheiten. Sie ersetzen aber nicht den Arzt oder den Heilpraktiker.

◎ Das große Gesundheitsritual

Dieses Ritual führen Sie an sieben Sonntagen hintereinander durch, jeweils zwischen 14.00 und 15.00 Uhr oder zwischen 21.00 und 22.00 Uhr.

Sie benötigen
1 gelbe Tischdecke
2 weiße Kerzen
magische Öle (Healing Angel und Protection, siehe Seite 127)
Räucherungen (Healing und Theas Heilungsräucherung, siehe Seite 127)
1 Räucherkessel
etwas Sand
etwas Räucherkohle
1 Mörser
1 Haselnusszweig als Zauberstab
1 weißes Blatt Papier

Die folgenden Rituale helfen, die Selbstheilungskräfte des Körpers zu aktivieren, aber Sie würden sich selbst zu viel zumuten, wenn Sie bei größeren Beschwerden oder ernsthaften Krankheiten allein damit experimentierten.

Gesundheitsrituale

1 Stift
1 Strauß Sonnenblumen (oder andere gelbe Blumen)

So vollziehen Sie das Ritual

1 Stellen Sie einen kleinen Tisch oder ein Tablett Richtung Osten auf, und legen Sie die gelbe Decke auf. In die Mitte des Tisches platzieren Sie Ihren Wunschzettel, das weiße Blatt Papier, auf das Sie genau schreiben – mit Angabe Ihres vollen Namens –, was Sie sich wünschen.

2 An die oberen Enden des Wunschzettels stellen Sie die zwei weißen Kerzen und in die Mitte des Papiers die gelbe.

3 Ölen Sie dann die beiden weißen Kerzen mit Angel-Öl ein und die gelbe mit Healing- und Protection-Öl. Verwenden Sie dazu je einen Tropfen Öl, den Sie zwischen Daumen und Zeigefinger zerreiben, und verteilen Sie das Öl von der Mitte nach oben und von der Mitte ausgehend nach unten.

4 In die obere Mitte des kleinen Tisches kommt noch die Vase mit den gelben Blumen. Dann stellen Sie vor die gelbe Kerze das Räuchergefäß. Geben Sie etwas Sand hinein und danach eine angezündete Räucherkohle darauf.

Ein Wunschzettel die Gesundheit betreffend ist bei diesem Ritual nicht allein der Hauptgegenstand.

Das große Gesundheitsritual

5. Während Sie warten, bis die Räucherkohle durchgeglüht ist, zerstoßen Sie etwa einen halben Kaffeelöffel von Theas Heilungsräucherung in dem Mörser und geben dann einen halben Kaffeelöffel Healing-Räucherung dazu.
6. Entzünden Sie die Kerzen. Nehmen Sie den Zauberstab aus Haselnuss in die Hand, und zeichnen Sie damit symbolisch im Uhrzeigersinn einen Kreis um sich und den Tisch.
7. Geben Sie die Räuchermischung auf die Kohle. Setzen Sie sich vor den Tisch, und sprechen Sie laut:

> Wenn die Kohle einen weißen Film hat, ist sie genau richtig.

Ich heiße Euch willkommen,
Ihr Mächte des Kosmos,
Ihr Göttinnen und Götter,
und ich heiße vor allem
dich willkommen,
große Göttin Isis,
die du den Tod
überwunden hast
und die Spenderin
unserer Gesundheit bist.
Bitte stehe mir
bei diesem Ritual bei
und gib mir all deine Kraft,
so dass ich mein Ziel erreichen werde.

Gesundheitsrituale

Vergessen Sie bei den angegebenen Uhrzeiten für beide Rituale nicht, für die Sommerzeit eine Stunde dazuzurechnen.

8 Schließen Sie nun die Augen, und stellen Sie sich vor, wie Sie gesund und vital durch die blühende Natur laufen. Sie fühlen sich wohl und ausgeglichen, Ihnen kann nichts passieren. Es ist wichtig, dass Sie sich Ihre gesundheitliche Situation so optimal wie möglich vorstellen.
Variieren Sie diese Vision, bis sie genau so ist, wie Sie Ihr Ziel vor Augen haben möchten. Das Bild, das Sie sehen, muss so real wie nur möglich sein; versuchen Sie nicht nur zu sehen, sondern die Situation auch zu fühlen, zu riechen, zu hören und vor allem in Ihrem tiefsten Inneren zu empfinden. Arbeiten Sie mindestens zehn Minuten daran.

9 Öffnen Sie die Augen wieder, und bedanken Sie sich abschließend bei Ihren magischen Helfern für deren Aufmerksamkeit und Hilfe.

◎ Das kleine Gesundheitsritual

Dieses Ritual dient der Steigerung Ihrer Gesundheit. Sie können es regelmäßig durchführen, immer dann, wenn Sie Unterstützung brauchen.
Der beste Zeitpunkt für diese Ritual ist einmal im Monat, jeweils an einem Montag bei

Kleines Ritual – große gesundheitliche Wirkung

abnehmendem Mond zwischen 14.00 und 15.00 Uhr oder zwischen 21.00 und 22.00 Uhr. Nach einiger Zeit werden Sie sich bereits spürbar besser fühlen.

Stellen Sie auf eine weiße Tischdecke zwei weiße Kerzen und ölen Sie diese mit Healing-Öl (Gesundheitsöl, siehe Seite 127) ein. Legen Sie zusätzlich alle Talismane, Amulette und sonstigen Glücksbringer von Ihrer Familie und sich dazu.

Nachdem Sie die Kerzen angezündet haben, bitten Sie alle kosmischen Kräfte, Ihre Schutzengel und die große Göttin um gesundheitlichen Schutz für sich und Ihre Liebsten.

Sehen Sie vor Ihrem inneren Auge, wie Krankheitsbilder dahinschwinden, Ihr gesundheitliches Befinden immer besser und besser wird und Sie vor Vitalität richtiggehend überströmen.

Legen Sie dabei Ihre Hände über die Amulette und Talismane, und projizieren Sie Ihre Wünsche und Gedanken in sie hinein.

So wird dieses Gesundheitsritual durch die aufgeladenen Hilfsmittel noch lange Zeit nachwirken.

Vergessen Sie nicht, sich nach dem Ritual bei der Göttin und allen anderen Helfern zu bedanken.

Auch dieses kleine Gesundheitsritual wird dazu beitragen, Ihre gesundheitliche Verfassung wieder ins richtige Gleichgewicht zu bringen.

Termine der Liebe im Hexenjahr

Im Hexenjahr gibt es Rituale zu bestimmten Festen. Die wichtigsten Feiertage der Hexen sind zumeist im gleichen Zeitraum wie die christlichen Festtage. Das hat seinen Grund: Da die Menschen zu Beginn des christlichen Zeitalters noch ihre Feste nach heidnischem Brauch feierten, musste das Christentum etwas Gleichwertiges dagegensetzen.

Hexenfeste für die Liebe

Walpurgisnacht & Co

Bei den sechs großen Hexenfesten, die ich Ihnen in diesem Kapitel näher bringen möchte, handelt es sich um Feierlichkeiten, die noch aus der uralten keltischen Tradition überliefert sind.
Wichtig ist dabei, dass die Feste im Freien gefeiert werden, wenn das Wetter es zulässt. Die Energien, die bei den jeweiligen Ritualen freigesetzt werden, können sich so mit der Natur verbinden und auf diese Weise ihrem zugedachten Weg folgen.
Sollten Sie dennoch mal ein Fest innerhalb der schützenden Mauern eines Hauses feiern müssen, da die Außentemperatur oder schlechtes Wetter kein Freiluftfest zulässt, gibt es einen Ausweg: Holen Sie sich einfach etwas Natur in Form von Zweigen, Blumen und Duftstoffen ins Haus.

> Die freie Natur ist der beste Platz, um die Feierlichkeiten eines Hexenfestes zu begehen.

Feiern zu Jahresbeginn

Aber nicht nur diese Festtage, sondern auch andere Termine im Jahr, die Ihr Liebesleben günstig beeinflussen können, haben Eingang in dieses Kapitel gefunden, das dem Jahresverlauf folgt.

Termine der Liebe im Hexenjahr

🌀 Januar

Im ersten Kalendermonat des Jahres beginnt die Sonne, uns aus der Dunkelheit der Winternächte hinauszuführen. Es wird heller und lichter – bald wird die Macht von Kälte, Schnee und Dunkelheit gebrochen sein und das Leben wieder Einzug halten.

Bedingungslose Liebe führt in diesem Monat am weitesten.

9. Januar
An diesem Tag ist Vollmond. An diesem Tag sind alle Rituale für Schönheit, Gesundheit, Fitness und den Familienzusammenhalt besonders wirkungsvoll.

9. – 10. Januar
Liebe, Harmonie, Zärtlichkeit, Erotik und Zuneigung können in diese Zeit erfahren werden, wenn der Mond durch das Sternzeichen Krebs läuft. Sie dürfen aber keine Forderungen stellen, wenn Ihre Wünsche erfüllt werden sollen.

🌀 Februar

Der Februar ist die Barriere, an der der Winter seine Kraft verliert und sich die dunklen Mächte vor dem immer heller werdenden Licht der Sonne zurückziehen.

Januar bis März

4. Februar
Dieser Tag ist der Tag der Familie – ein besonderes Datum für alles, was sie eint und Haus und Heim behaglicher macht, ideal für die Versöhnung nach langem Streit, für den überfälligen Anruf bei den Eltern oder für den Kauf neuer Möbel. Gestalten Sie diesen Tag ganz im Zeichen Ihrer Familie!

März

Die Kräfte der Natur und die Energie der Menschen erwachen im März wieder zu neuem Leben. Die Natur dehnt, reckt und streckt sich. Der März steht ganz unter dem Zeichen der Erneuerung und der Lebenskräfte. In diesen Tagen sind Reinigungsrituale sowie rituelle Waschungen und Meditationen besonders begünstigt.

> In früheren Zeiten war dieser Monat der Anfang des Jahres, weil mit ihm das Alte starb, das Neue aber an Kraft gewann.

Frühjahrsfeste

Die Zeit des Aufbruchs in der Natur kündigt sich an. Und so ist das Frühjahr denn auch für den Menschen gekennzeichnet durch eine kräftemäßige und seelische Erneuerung und einen Aufbruch zu neuen Ufern.

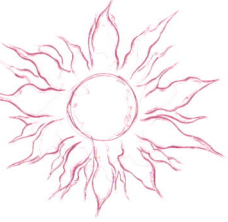

Termine der Liebe im Hexenjahr

April

Der April ist der Monat der seelischen Läuterung und der körperlichen Reinigung. Auf keinen Fall sollte in dieser Zeit die abendliche stille Meditationsstunde versäumt werden, die auch gemeinsam mit dem Partner vorgenommen werden kann.

30. April – 1. Mai/Beltane-Fest

Noch heute wird vielerorts die Walpurgisnacht nach altem Brauch gefeiert.

Das erste große Fest im Jahreszyklus der Hexen ist Beltane – allgemein auch unter dem Namen »Walpurgisnacht« bekannt; nach der heiligen Walpurga, die an diesem Tag starb, aber ansonsten gar nichts mit dem heidnischen Brauch zu tun hat.
An diesem Tag wird die Hochzeit der großen Göttin Diana mit dem Gott Karnayna gefeiert. Sie ist das Symbol für den Beginn der Fruchtbarkeit und des Wachstums.
Nun kann die Liebe gedeihen und wachsen. Und so gilt nicht nur in der Natur, sondern auch bei uns Menschen von alters her der Monat Mai als der Monat der Liebe, denn er folgt auf die Beltane-Nacht.
Allerdings bringt es kein Glück, im Wonnemonat Mai zu heiraten, da er zum einen der Monat für die Flitterwochen des göttlichen Paares ist.

April bis Mai

Zum anderen sollten menschliche Liebesbeziehungen nun gerade erst anfangen, die Paare sich erst näher kennen lernen und der Liebe Zeit geben, sich intensiv zu entwickeln. Da das Beltane-Fest eigentlich ein Fest der Liebe – und vor allem speziell der erotisch ausgerichteten – ist, wurde es früher oft sehr ausschweifend gefeiert; daher auch die allseits bekannten Gerüchte, Hexen würden sich in dieser speziellen Nacht mit dem Teufel vergnügen.

In alten Zeiten wurde zu Beltane der Große Kreis gezogen, in dessen Mitte ein Steinaltar stand. Magische Kräuter schützten vor dem Eindringen böser Geister, Räucheropfer wurden dargebracht und Eichenholz und Weiden in einem großen Feuer verbrannt. Und natürlich durfte der Sprung über das Beltane-Feuer, verbunden mit innigen Wünschen für die Zukunft, nicht fehlen.

Zu einer weiteren Tradition der Walpurgisnacht gehört das Schneiden von Mistelzweigen.

 Mai

In diesem Monat erreicht der Frühling seinen Höhepunkt. Die Natur hat ihr absolut schönstes Kleid angelegt, alles wächst und gedeiht auf Neue, und ein wohltuender Segen liegt über der Natur. In dieser Zeit des Aufbruchs und des Wachstums können die seelischen Kräfte des Einzelnen durch intensive Konzentration verstärkt werden.

7. Mai

An diesem Tag steht der Vollmond im Zeichen des Skorpions – ein Sternzeichen des absoluten Neubeginns. Alle negativen Erfahrungen der Vergangenheit können Sie jetzt hinter sich lassen, und die Wünsche für die Zukunft stehen unter besonders guten Vorzeichen.
Dieser Tag ist ein absoluter Glückstag. Legen Sie alles Alte, das Sie stört und unnötig fesselt, ab, und beginnen Sie ganz von vorn. Jetzt sind die denkbar besten Voraussetzungen dafür gegeben.

In diesem Monat wird die Wiedergeburt der Welt gefeiert, was auch Auswirkungen auf die Menschen hat.

Hexenfeste im Sommer

In dieser Jahreszeit trägt die Natur ihr üppigstes Kleid, und natürlich profitieren auch die Menschen mit ihren Liebesbeziehungen ausgiebig davon.

 Juni

Der Rosenmonat Juni ist der Monat der Sonne, des Wachsens und Gedeihens, der

Blüte und der Kraft. In diesen Tagen können alle geistigen und seelischen Kräfte sowie Liebesenergien mobilisiert werden.

6. Juni
Wenn an diesem Tag der Vollmond seine Herrschaft antritt, ist eine Steigerung der Empfindungen zu erwarten.
Liebesgefühle werden zunehmend intensiver, und schmerzliche Sehnsüchte nach Liebe lösen sich auf.

Zu diesem Zeitpunkt sollten auch magische Kosmetika zubereitet werden.

21. Juni/Sommersonnenwende
An diesem Tag wird das Fest der Sommersonnenwende begangen, bei dem die Göttin Beiwes, die Sonnengöttin der Lappländer, eigens geehrt wird, da sie nun ihre ganze Kraft zur Verfügung stellt. Die Sonne steht am höchsten Punkt, die kürzeste Nacht und der längste Tag des Jahres sind erreicht.
An magischen Orten und Stätten werden um Mitternacht heilige Feuer entzündet, die Segen spenden. Die Hexen singen, tanzen und springen über das Feuer.
Wer verliebt ist und den Partner für immer für sich gewinnen möchte, wagt mit ihm zusammen den Sprung über das heilige Feuer. Gelingt der Sprung, ist den Liebenden ein Leben lang Glück versprochen.

Termine der Liebe im Hexenjahr

Wer sich hingegen von einem bösartigen Menschen trennen möchte, sollte dessen Namen auf ein Blatt Papier schreiben und dieses ins Feuer werfen.
Dieser Tag fördert auch die Fruchtbarkeit, besonders bei Frauen, die Schwierigkeiten haben, schwanger zu werden.

Die Natur gibt im Monat Juni gerne von ihrem Überfluss ab.

24. Juni
In der Johannisnacht, die an diesem Tag begangen wird, sind alle Quellen, Weiher und Brunnen voll heilsamer Kräfte. In dieser Nacht sammeln die Hexen das Johaniskraut – eines der wichtigsten Kräuter gegen alles Böse und gut für das Glück und die Liebe.

Juli

In diesem Monat, der von den Hexen auch gerne als Monat der Verzauberung bezeichnet wird, wirken alle Kräfte der Natur zusammen. Unsichtbare Schicksalsfäden verknüpfen sich dabei zu einem Band, das alle Menschen, die aufrichtigen Willens sind, in Liebe vereint.
Vor allem die Fruchtbarkeit steht im Mittelpunkt dieses Monats, in dem am Datum des 2., 3. und 7. besonders der Mütter und der werdenden Mütter gedacht wird.

5. Juli
Der Vollmond entwickelt an diesem Tag im Sternzeichen Steinbock seine stärkste Energie. Was guten Herzens in Sachen Liebe und Liebesglück in Angriff genommen wird, kann gelingen.
Man darf sich nur nicht zu weit vorwagen und unbedingt das Unmögliche erzwingen wollen. Dennoch lässt sich vieles an Wünschen erreichen, wenn man seiner inneren Führung vertraut.

August

In diesem Monat haben die Würz- und Heilkräuter ihre größte Wirkung erreicht. Die in vollem Saft und voller Kraft stehende Natur fängt jedoch an, sich in diesem Monat gegen das allmähliche Verschwinden des Lichts aufzubäumen.

2. August/Lammas-Fest
Dieses Fest ist der Göttin Habondias geweiht. Sie ist die alte Göttin des Reichtums und des Überflusses, die uns Menschen an ihm teilhaben lässt.
Diese Fülle beinhaltet nicht nur finanzielle Gaben, sondern auch Gefühle, Liebe und Anteilnahme.

> Für die weisen Frauen ist der August der Herbst des Lichts, die Erwartung der Großen Göttin.

Herbstliche Feiern

Langsam, aber unübersehbar kündigt sich der nahe Herbst an, der das Vergehen alles Lebendigen symbolisiert und die Brücke zum Winter schlägt, in dem das Leben in der Natur eine Zeit lang zum Stillstand kommt.

September

In alten Zeiten wurde dieser Monat »Füllmond« oder auch »Scheidung« genannt. Er ist der Monat der Fülle und des Dankes für die reichlichen Gaben, die die Natur uns am Ende des Sommers beschert.

Die Ernte eines fruchtbaren Sommers ist eingefahren und wird uns den Winter über ernähren.

23. September/Herbst-Tagundnachtgleiche

Die Tagundnachtgleiche oder das Herbstäquinoktium – im Hexenkalender auch »Mabon« genannt – hat die erfolgreiche Ernte zum Anlass. Neben der Danksagung an die Natur wird auch gleich um Schutz und Gesundheit für den härteren und kälteren Teil des Jahres gebeten.

Dieses Fest stellt einen der vier Höhepunkte des Hexenjahres dar. Die Natur hat den hart arbeitenden Menschen ihre Schätze offen-